民國歷史與文化研究

十六編

第 **5** 冊

丑戲
——丑與《百丑圖》之研究

李德生著

花木蘭文化事業有限公司

國家圖書館出版品預行編目資料

丑戲——丑與《百丑圖》之研究／李德生 著 -- 初版 -- 新北
市：花木蘭文化事業有限公司，2023〔民 112〕
序 4+ 目 6+206 面；19×26 公分
（民國歷史與文化研究 十六編；第 5 冊）
ISBN 978-626-344-191-0（精裝）
1.CST：京劇 2.CST：角色 3.CST：表演藝術
4.CST：中國戲劇
628.08   111021711

民國歷史與文化研究
十六編 第 五 冊   ISBN：978-626-344-191-0

丑戲——丑與《百丑圖》之研究

作　　者　李德生
總 編 輯　杜潔祥
副總編輯　楊嘉樂
編輯主任　許郁翎
編　　輯　張雅淋、潘玟靜　美術編輯　陳逸婷
出　　版　花木蘭文化事業有限公司
發 行 人　高小娟
聯絡地址　235　新北市中和區中安街七二號十三樓
　　　　　電話：02-2923-1455／傳真：02-2923-1452
網　　址　http://www.huamulan.tw 信箱 service@huamulans.com
印　　刷　普羅文化出版廣告事業
初　　版　2023 年 3 月
定　　價　十六編 5 冊（精裝）新台幣 14,000 元

丑戲
——丑與《百丑圖》之研究

李德生 著

作者簡介

　　李德生，原籍北京，旅居加拿大，係加拿大文化更新研究中心研究員，致力於東方民俗文化和中國戲劇之研究。有如下著作在國內外出版發行：

《束胸的歷史與禁革》（臺灣花木蘭文化事業有限公司出版 2021 年 3 月）；

《粉戲》（臺灣花木蘭文化事業有限公司出版 2021 年 3 月）；

《血粉戲及劇本十五種》（上中下）（臺灣花木蘭文化事業有限公司出版 2021 年 8 月）；

《炕的歷史與炕文化》（臺灣花木蘭文化事業有限公司出版 2021 年 8 月）；

《煙雲畫憶》（臺灣花木蘭文化事業有限公司出版 2021 年 8 月）；

《京劇名票錄》（上下）（臺灣花木蘭文化事業有限公司出版 2021 年 8 月）；

《春色如許》（臺灣花木蘭文化事業有限公司出版 2022 年 3 月）；

《讀圖鑒史》（臺灣花木蘭文化事業有限公司出版 2022 年 3 月）；

《摩登考》（臺灣花木蘭文化事業有限公司出版 2022 年 3 月）；

《圖史鉤沉》（臺灣花木蘭文化事業有限公司出版 2022 年 3 月）；

《旗裝戲》（臺灣花木蘭文化事業有限公司出版 2022 年 8 月）；

《二十四孝興衰史》（臺灣花木蘭文化事業有限公司出版 2022 年 8 月）。

提　　要

　　臺灣著名相聲表演藝術家吳兆南先生，生前曾出版了自己粉墨作場的兩部攝影作品《百丑圖》，現身說法，為日益淡出舞臺的丑角和丑戲留影塑形。此事也啟發了我們。俗謂「無丑不成戲」，戲劇的生成始於丑行。丑在戲劇中多飾演社會不同階層的各類人物，上至帝王將相，下至販夫走卒眾相生，丑在舞臺上插科打諢、詼諧調笑，揭示人性之善惡，批評時風之陰晴，深受廣大觀眾歡迎，但亦多為權貴所嫌棄。在政治、習俗諸多因素的排壓下，不少丑戲劇目已蕩然無存。許多丑角造型也消失殆盡，對於戲劇史學研究說來是一莫大遺憾。筆者試著對中國戲曲中的丑的生成、名丑、丑戲以及歷代對丑和丑戲的禁忌等方面，進行了一些初步探討和研究。並步武前賢，將我們珍藏的、上世紀二、三十年代出版的戲劇煙畫《百丑圖》與《續百醜圖》，進行了認真地整理，梳理出有丑角的戲目 150 餘齣，各色丑角人物的扮相 200 幅。依圖附文，草成此書。以期為廣大戲劇愛好者和研究者獻上一部即有資料性，又有趣味性的戲劇圖史。

序言　方寸新天，丑中見美

游　默

　　德生兄從大洋彼岸給我發來電子郵件，要我為他的近作《丑角》一書寫序。於是，我把這本書的內容拜讀了幾遍。真可謂琳琅滿目，美不勝收，圖文並茂，目不暇接。對丑角藝術的資料，收集得那麼完備，作如此詳盡的介紹，國內尚屬首次。這是作者的一大貢獻。

　　國內過去對京劇生、旦、淨等行當的藝術研究的文章和書籍較多，對丑的藝術研究有所忽略。而京劇的丑角藝術，是一大富礦，急待開發。這本書的出版，將彌補這方面的缺憾。丑角的能量很大。丑角可以演反面人物，也可以演正面人物，無論王公大臣，富家貴族，還是販夫走卒，三教九流，都有丑角的表演空間。要想瞭解丑角行當在京劇中的地位和藝術上的成就，從這本書中就可以粗略得到瞭解。此書幾乎囊括了所有京劇劇目中的丑角形象。有彩色圖片，有文字說明。丑中見美從服裝到化妝，從劇目內容到表演特色等等，都按不同劇目和不同劇中角色作了介紹。

　　丑角是觀眾喜愛的戲劇行當。丑角表演的特色，是插科打諢，亦莊亦諧；喜笑怒罵，皆成文章，在供人哈哈一樂的同時，對歷史和現實中不合理的醜惡的東西，能入木三分地、無情地加以諷刺和鞭撻，給人以深刻的思想啟發。這是丑角概括生活的特殊功能，也是丑角表現真、善、美的深刻之處。而這種思想和藝術效果，生角、旦角和淨角在這方面有時候是難於承擔的。

　　「丑而不醜」，這是人們談論丑角時，常用的一句話。現因簡化字的關係，這句話變得很繞口，不易理解。其實「丑而不醜」的第二個「醜」字，是醜陋的意思，原先的繁體字，是「酉」字旁一個「鬼」字。它的準確的意思應是丑

角藝術並不醜陋。因此,「丑而不醜」,是要求把丑角藝術放在美學的層面上來研究。

「丑而不醜」實質上是要求「丑中見美」,不能因為丑角在語言、行為上滑稽可笑,就脫離生活的真實去任意誇張,以犧牲藝術美來贏得低廉的劇場效果,最後勢必被觀眾所拋棄。高明的丑角演員非常注重對生活進行分析、選擇,提煉出高於生活的藝術美。只有源於生活、高於生活的藝術美,才是我們所要追求的。源於生活,是指不能違背生活的真實,無論在題材上,還是在人物性格上,都要求真。虛假,是談不到美的。高於生活,是指對生活進行提煉,去粗取精,進行典型化的藝術加工,創造出高於生活的藝術真實,它比生活原態更真實,更能反映生活的本質;在這基礎上表現的藝術美,更典型,概括性更強。丑角藝術美的功能,是要讓觀眾在愉快的欣賞中得到思想上的潛移默化。丑角與別的行當有很大的不同,它更需要強調「丑中見美」,稍不留意,就會放棄藝術美的追求,陷入「丑中見醜」的低層次的窘態。丑角的藝術美是需要以嚴肅的態度去創造的。特別是當用丑角去扮演反面人物時,更得用心去提煉藝術美,讓觀眾在賞心悅目的欣賞過程中,感受到對醜惡靈魂的深刻批判。這是丑角藝術的特殊功能。這種「丑中見美」要求思想內容與藝術形式的和諧結合。丑角表演藝術家都懂得追求與內容相適應的藝術形式,並加以精雕細刻,運用高難度的技藝,使之達到完美的境地。京劇的蕭長華、崑曲的王傳淞、川劇的周企和等丑角表演大師是這方面的典範。他們的丑角表演藝術極具欣賞價值,都能達到「丑中見美」的美學層次。丑中處處見美,觀眾在觀劇過程中獲得愉快和審美的滿足。「丑而不醜」是中國戲曲傳統藝術的重要的美學原則,也是我們戲曲藝術獨特的寶貴財富。

目前有許多青年對京劇傳統藝術不感興趣,這本書向他們介紹生動活潑的丑角藝術,以此入門,可登上京劇藝術殿堂。而京劇的行家和收藏家,手持此書,時時翻閱,是一種賞心悅目的享受。如果是京劇藝術研究者,得到此書,會如獲至寶,因為生動的材料,豐富的信息,將是深入研究京劇丑角藝術的必不可少的資料。由此,可看出這本書的價值。

德生兄是個有心人,他對文化資料的收集,已非一日之勞。最近他新出版的《老北京的三百六十行》,厚厚一大冊,洋洋大觀,圖文並茂。許多行業、許多圖片是今天難於見到的,是一部不可多得的北京傳統人文社會的生動風俗畫卷。德生兄還有一絕,就是長期收藏了不少煙畫。煙畫在舊社會是隨香煙

盒贈送的小畫片，它起一種廣告宣傳作用。這類小畫片，有風景畫，有仕女畫，更多的是傳統故事人物畫和戲曲人物畫。這些煙畫，往往不為人們重視。煙畫的空間雖小，方寸之間卻能包羅萬象。其實不少煙畫，不僅內容有意義，而且畫得精美。德生兄獨具慧眼，看到它的收藏價值。他對這些小畫片，情有獨鍾。1996 年春，他在一首七絕中曾寫道：

> 收藏求索醉如癡，經月書成費闡思。此物原非些小技，個中奧妙尚堪師。

可見他對收藏煙畫的執著。因病去世的著名書畫家、詩人鍾靈兄，當年曾以德生兄收藏的煙畫為題，吟詩唱和。鍾靈兄的詩是：

> 神飛舊跡入情癡，方寸之中見妙思；猶記兒時臨煙畫，功成豈忘啟蒙師。

我亦曾唱和一首：

> 舊時珍品惹人癡，萬象包容苦構思。濃淡相宜凝彩繪，丹青翰墨友兼師。

這本《丑角》中的珍貴的畫圖，就是德生兄那浩瀚煙畫資料中的一部分。令人痛心的是恰恰這個時候，我們的摯友鍾靈兄走了，他沒來得及看到德生兄這本書的出版，否則他一定會為這本書的付梓，再吟出一些佳作。最後，我將祝賀《丑戲》出版的一首七絕，作本文的結束：

> 弄簫顧曲已如煙，文稿讀來思翩躚。簡劇諸丑能見美，境藏方寸有新天。

游默　於北京劇協寓中

（游默，離休前任中國戲劇家協會書記處書記，《中國戲劇》主編。）

目次

第一章　丑的研究

一、「丑」之稱謂

　　常言說「丑是戲中膽」,「無丑不成戲」,只要是出戲,其中必有丑角和丑角的表演。這不僅僅表明丑角在戲劇中的重要性,而且說明,丑是戲膽,「丑」和丑角的表演是中國戲劇生成的棟樑和發端。

　　「丑」字,原本出自我國古代的「天干地支」之說。「十二地支」係「子、丑、寅、卯、辰、巳、午、未、申、酉、戌、亥」,「丑」居其中的第二位。它是「十二時辰」之一,也是「十二生肖」之一。作為時辰,依《漢書》和《史記》的解釋:「丑是紐」,表示「陽氣在上未降」的意思。作為生肖,依漢王充《論衡》的解釋則是「牛」,耕地的牛。這些說法中的「丑」字,原與戲劇尚無任何關係。

　　到了宋代,「丑」字才被用於戲劇術語之中,它應該是從古代「爨」(音cuàn)字轉化而來的,王國維先生同意這種說法。他在《古劇腳色考》一文中曾明確地講:「丑」是從宋雜劇、金院本中的「爨」演變來的。在現存的宋雜劇、金院本中,原有《講百花爨》、《文房四寶爨》等節目。「五花爨弄」這句話,則是當時院本的別稱。

　　根據國務院公布《通用規範漢字表》的解釋,爨字是一個漢語二級通用字。此字最早見於出土於戰國時期冥器上,是流傳於古楚地區的一個象形字。字的上半部,好像是人的一雙手拿著瓦甑,將其置於灶上。中間有個灶口,字的下半部則表示,人用雙手將木柴推進灶口燒火做飯。古代人稱廚房為「爨室」,稱煮飯的大鍋叫「爨鑊」。這種情景在近代大多數農村、山區,都是司空見慣

的事情，爨是人們日常生活中不可缺少的一個組成部分。

此外，「爨」也用作姓氏。例如，北京京郊門頭溝地區就有一個「爨下村」，這裡的村民都姓爨。當地人讀此字為「攢」，為了書寫方便，他們都把自己的姓寫成「川」了。

秦前的篆體爨字。

太原南郊金勝村的晉國趙卿墓中的貴族使用的「爨鑊」。是迄今所見春秋時期最大的鑊鼎。

那麼，這個「爨」字又如何與戲劇中的「丑」聯繫到一起的哪？學者們都以明代徐渭的《南詞敘錄》為根據，稱：「醜，以墨粉塗面，其形甚爨。今省文作丑」。他的意思是說：「戲中的丑角是用黑色的顏料塗抹在臉上，其形象頗似爨室中不潔淨的灶臺，太不好看了。故稱之為醜。」後來，「醜」字便「省文作丑」。用作戲劇專用名詞的「丑」，如丑戲、丑角便不能再用繁體的「醜」了。如果再寫「醜戲」或「醜角」那就錯了。

筆者認為，這個「爨」字之所以與戲劇聯繫在一起，還可以從讀音方面來考慮。「爨」與「攢」同音。「爨」是把各種食材，五味雜陳地攢和在一起烹食，形成美味佳餚。而戲劇的編演也如同廚師烹飪一樣，把各種故事、詩歌、舞蹈，以及聲色和諸般表演「攢」在一起，便形成賞心悅目的活劇。「爨」等同於「攢」，戲劇是經過藝術的百般「攢弄」才搞出來的。這樣，我們就容易理解宋雜劇、金院本中「五花爨弄」的意思，實是「五花攢弄」。宋金時期的《講百花爨》、《文房四寶爨》等節目，換為俗字便是《講百花攢》、《文房四寶攢》。

王國維在《古劇腳色考》一文中講：「丑，是從宋雜劇、金院本中的爨，演變來的」。戲劇中的「丑」角如同鹽梅，亦如百味雜陳的食材，經過表演藝術家的加工調製，汲取了生、旦、淨、末各種行當的表演方式「攢弄」，如同烹飪美味。若無鹽梅佐餐則百饌無味矣。

　　另有一說，既王國維先生在《古劇角色考》中稱：「鬮與丑本雙音字，又鬮字筆劃甚繁，故省鬮作丑，亦意中事。」不過，在國務院公布的《通用規範漢字表》中，對鬮與丑雙音之說並未認同。

二、戲劇行當中的「丑」

　　王國維還說：「戲劇腳色之名，宋元迄今，約分四色，曰：生、旦、淨、丑，人人之所知也」。夏庭芝《青樓集志》也說「院本始作，凡五人：一曰副淨，古謂之參軍；一曰副末，古謂之蒼鶻，以末可撲淨，如鶻能擊禽鳥也；一曰引戲；一曰末泥；一曰孤。又謂之五花鬮弄。」灌園耐得翁之《都城紀勝‧瓦舍眾伎》曾解說宋雜劇的演出形態，謂「雜劇中末泥為長，每四人或五人為一場，……末泥色主張，引戲色分付，副淨色發喬，副末色打諢，又或添一人裝孤。」也就是說，彼時一個戲班的演員主要有四、五個人組成，但角色的分工十分明確。「末」、「旦」、「淨」、「丑」、「外」等行當是固定的。明程羽文在《盛明雜劇初集》序中說：「凡天地間知愚賢否、貴賤壽夭、男女華夷，有一事可傳，有一節可錄，新陳言於牘中，活死跡於場上。誰真誰假，是夜是年」，總不出這些角色在「作場」「攢弄」（即鬮弄）。

此圖出自河北宣化遼代張世古墓的壁畫。研究音樂和舞蹈史的專家，都用此圖說明遼代樂舞的形式。不過筆者認為，彼時雜劇已經成型，此圖應是一個演出雜劇的場面。樂隊立於後，化了裝的優伶在「出場亮相」，表演各種戲劇動作。

隨著戲劇表演的不斷發展和完善,「末」行歸入「生」行,「生、旦、淨、丑」四種行當確立。直到明末清初時期,不論戲班大小,這幾個行當的分工就再也沒有什麼變化了。

三、「丑」的地位

丑,是以形貌為滑稽的早期形式主要是「談諧」,上古俳優常以特異之形貌微言諷諫。唐代開始,丑即以模情擬態的滑稽表演出現了滑稽歌舞戲、參軍戲、假官戲、合生等藝術形式。宋代,此類滑稽表演的內容豐富,形式多樣,形成了以副末、副淨打諢調侃為主的宋雜劇藝術形態。副淨又被元雜劇的淨、丑腳色所吸收,並賦予了特定的文化內涵。明清則認為戲劇腳色中的「丑」是「好」的反說。「醜為好」,是指丑角的表演滑稽可笑,更受觀眾歡迎。

在戲劇行內,「丑」的地位一向是很高的。傳說唐玄宗李隆基是「丑」的始作俑者。唐玄宗是戲劇班社的「老郎神」,丑角便是戲的「戲神」。唐玄宗一生好戲,他在皇宮內廷敕建梨園,徵招優伶:教習歌舞,培養子弟。而且玄宗自己尤喜丑角,經常在梨園扮成下等臣民,參與作場。傳說,玄宗為了掩飾自己的尊容,特意設計了一塊白玉掛在臉上登場,表演許多滑稽的動作。這塊掛在臉上白玉,就成了中國戲曲歷史上丑角臉譜的來歷。中國戲曲中的丑角鼻子都要描白,就是這個緣故。後來班社裏的丑角備受戲曲藝人的推崇和尊敬,也是由此說而來。

文載,三國時期,蜀漢博士許慈常和胡潛爭吵、互毆,蜀主劉備就命令優伶摹仿他二人吵鬧時的醜態,在百官面前表演,以為對他二人在廟堂之上失態的嘲諷。這便是古代劇目《許胡》的出處。那麼,這兩名遵命而為的優伶自然會在表演中極盡誇張之事,再現他們「互啐垢罵」、「醜態百出」的樣子,逗得大家哄堂大笑。但是,作為一種戲劇行當和角色,「丑」行在元雜劇時還沒有正式確立。把「丑」的名稱正式引入戲劇表演範疇內的提法,到了明代才普遍使用。《明史》中有這樣一段記載,因為引用者不多,現全文抄錄如下:

明人無名氏繪《南中繁會圖》，圖中廣場的舞臺上，正在熱熱鬧鬧的演著一齣戲。臺上有十個演員和劇務人員，分工明確，劇中角色也分得細緻。臺下男女環立，長幼咸集，擁擠著看戲。右側還有一個包廂，專供官中女眷使用。

　　憲宗時太監汪直與王越、王鉞結為心腹，狼狽為奸，勢傾中外，人皆側目。有中官名阿丑者，善詼諧，頗有譎諫風。一日，丑作醉者酗酒狀，前遣人伴曰：某官至，酗罵如故；又曰：駕至，酗罵又如故；曰汪太監來，醉者始驚迫帖然。旁一人曰：駕至不懼，而懼太監，何也？曰：吾知有汪太監，而不知有天子。又一日，忽效直衣冠、持雙斧趨蹌而行。或問故，答曰，吾將兵，惟仗此兩鉞耳。

　　問鉞何名：曰王越，陳鉞也。上微哂。自是直寵漸衰，未幾罷斥。

　　後人以「丑」的靈敏機智，能感主悟，頗有東方、淳于之風，這才把它移用為戲劇術語中來。將戲中插科打諢、調笑詼諧的角色名之為「丑」，並且發展成一個固定的行當。明代戲劇中重要的角色，也開始由丑角擔任，雜劇《浣紗記》中的伯嚭，便是標準丑角的第一個實例。到了明萬曆、天啟年間，丑行的表演藝術已臻於成熟。進入清季，丑角就成了戲劇表演中的一個大行當，丑

行內的角色分工也就越來越細了。

同時，丑行的戲路寬廣、表演機動靈活，深受同行的推崇。所以，丑的地位很高。例如，舊日後臺集體「拜老郎神」的時候，皆由丑行率先行禮。後臺的大衣箱無人敢坐，唯有丑行獨享。腹笥充盈的丑角演員擔任戲班班主和領班、教習的大有人在。直至而今，優秀的丑行演員出任劇團領導、團長和藝委會主任的也層出不窮。

清王翬等人畫的《康熙南巡圖》的局部。圖中描繪了南方水陸戲臺的模樣，戲劇已成為人們喜聞樂見的表演藝術。臺中演的是「關老爺」戲，生、淨、丑，行當分明，各司其職。

名丑蕭長華先生的弟子、中國戲曲學院前院長鈕驃說：

在京劇當中，丑角塑造人物的範圍最廣：上至帝王將相、下至黎民百姓，丑角都可以演。而在劇情方面，丑角則可以起到調劑舞臺氣氛的作用。哪怕是演一個悲劇，也不能讓觀眾一哭到底。前面有一場苦情戲，後面就需要丑角出來調劑一下，緩衝一下觀眾悲傷的心情。京劇界的許多老前輩談及丑角，都將其比作菜肴中的味精、百藥中的甘草，能夠「調味提鮮」，吸引觀眾去欣賞京劇藝術。

他還說：「實際上，丑角的重要作用，不僅僅體現在舞臺之上。在舞臺之外，丑行演員也往往起著舉足輕重的作用。比如，在京劇的教學方面，丑行演員一般都會擔當重任。因為雖然丑角自己在每一齣戲中的戲份可能都不是很多，但「無丑不成戲」，幾乎每一齣戲裏都有丑角出現，而且，會和各種各樣的角色配戲。有時，如果

戲班裏某個演員因故無法登臺，好的丑行演員甚至可以臨時上去頂替。所以說，一個好的丑行演員，應該是對各個行當的瞭解最全面，掌握的戲也是最多。蕭長華先生就曾在富連成（注：京劇史上最著名的戲班之一）科班任教長達 30 餘年，建國後又一直在中華戲曲學校教戲。此外，由於丑行演員經常需要在舞臺上根據現場情況隨機應變，因此，也令他們比其他行當的演員在組織、社交方面的能力相對更強一些。對內，他們主持戲班業務，協調戲班裏各個演員之間的關係；對外，他們也常常代表戲班與外人進行相關事務的處理。」（見 1999 年中央電視臺戲曲頻道節目主持人對名丑鈕鏢的採訪錄）

四、「丑」的早期形象

漢代，在民間出現了具表演成份的「角抵戲」，是古典戲劇的雛形，《東海黃公》是漢代角抵戲的代表性劇目。東海黃公即黃帝、白虎即蚩尤的變相，《東海黃公》戲是以黃帝戰蚩尤的神話故事演變而來，其實是上古巫術祈雨儀式的再現。《東海黃公》是表現人與虎的搏鬥的故事，由兩個演員上場競技，以強弱決定輸贏，把戲曲表演的因素初步融合，形成了戲劇的雛型，尚無角色行當之分。

漢磚拓片畫《東海黃公》圖。

到了北朝末期開始出現的歌舞戲，如《大面》、《踏謠娘》、《撥頭》三齣戲劇都是有歌有舞，還有幫腔和音樂伴奏。據崔令欽《教坊記》記載：

《踏謠娘》的故事描寫:「北齊有人姓蘇,皰鼻,實不仕,而自號為郎中。嗜飲酗酒,每醉輒毆其妻,妻含悲訴於鄰里。時人弄之,丈夫著婦人衣,徐步入場行歌,每一疊,旁人齊聲和之云:『踏搖和來,踏謠娘苦和來。』以其且步且歌,故謂之『踏搖』,以稱其冤,故言『苦』。及其夫至,則作毆鬥之狀,以為笑樂。今則婦人為之,遂不呼『郎中』,但云『阿叔子』,調弄又加典庫,全失其旨。或呼為『談容娘』,又非」。

足證,此時的戲到角色中,已出現後世「三小戲」的雛形。由於情節均具有矛盾性,或莊,或諧、或喜,或悲,旦、丑在演技上的分工也就出現了。其夫「著婦人衣」「作毆鬥之狀,以為笑樂」,分明是個形貌醜陋、脾氣暴躁的酒鬼,專拿老婆作出氣筒的丑角形象。唐代詩人常非月有《詠淡容娘》一詩描寫了該劇在廣場演出中,受到觀眾稱賀的場面:

舉手整花鈿,翻身舞錦筵。馬圍行處匝,人壓看場圓。歌索齊聲和,情教細語傳。不知心大小,容得許多憐?

唐代壁畫中戲劇《踏謠娘》一幕。

唐代,出現的參軍戲,是由優伶演變而成。參軍戲的發端,講五胡十六國後趙石勒時期,有一個參軍官員貪污。石勒就命優人穿上官服,扮作參軍。然後讓別的優伶扮為蒼鶻(hú),從旁揭露和戲弄這位參軍。參軍戲便由此得名,其內容以滑稽調笑為主。自此,丑角便明正言順地成為戲中的一大行當。及至宋代,「勾欄」「瓦舍」的出現,民間歌舞、說唱、滑稽戲有了綜合的趨勢,「雜劇」就此誕生。由以丑角為主的滑稽戲演變而來的元雜劇的「豔段」和「雜扮」亦就應運而生。

五、丑角的表演形態

　　古籍中除了一些對醜的扮相的文字描述之外，醜的表演形象最早出現在考古發現的漢代陶俑之中。如山東濟南市郊無影山西漢墓出土的雜技陶俑，身穿長袖花衣，或相向起舞，或兩人倒立「拿大頂」，頗為滑稽。又如四川成都天回山東漢崖墓出土的說唱俑，陶俑蹲坐在地面，右腿揚起，左臂下挾有一圓形扁鼓，右手執鼓槌作敲擊狀。俑人嘴部張開，開懷大笑，面部的幽默表情傳神阿堵，極為生動，能引起觀者共鳴。這些都是戲劇丑角的表演形態的先聲。

以上三圖係近代出土漢墓中的藝人陶俑，已俱丑角表演模樣。

　　此外，最早見於圖畫中的丑角形象，則是在山西省洪洞縣城東北霍山南麓的廣勝寺的壁畫中的一個類似濟公的角色。廣勝寺創建於東漢建和元年（147）。分上下兩寺和水神廟三處。水神廟主殿明應王殿建於元仁宗延祐六年（1319）。殿內塑水神明應王及其侍者像，四壁滿佈壁畫。壁畫題材有祈雨降雨圖及歷史故事等。南壁東側所畫戲劇演出，生、旦、淨、末、丑各種角色齊全，化妝、服裝、道具、樂器、幕布、布景、舞臺等也都很真實。現存壁畫13幅，高5米多，總面積接近200平方米。壁畫構圖疏密相間，線條遒勁，採用重彩平塗的畫法。人物神態逼真，刻畫細緻入微。它是目前全國唯一保存的大型元代戲劇壁畫，名為《大行散樂忠都秀在此作場》圖。

廣勝寺水神廟大型元代戲劇壁畫《大行散樂忠都秀在此作場》圖。

　　畫中一行共十一人，後臺有一人，戲臺上有十人，七男三女，前面的五個人是演員，身穿戲服；後面五人是樂隊或執事，身著便服，手持樂器、道具，中間則是當時的雜劇紅星忠都秀。畫的是這個戲班在演出完畢後，列隊謝幕酬神的場景。雖然不知當時演的是一齣什麼戲，但站在忠都秀左側的演員，則是一位丑角無疑。從化裝來看儼然是濟公一類的人物，僧帽袒胸、鷲眉虯鬚，雙目畫有白粉，從舉止動作分析，他是個插科打諢的滑稽角色。從這幅圖中，可以瞭解元代演戲的場面和早期丑角形象的一斑。

清代早期手工敷彩木版年畫《拾玉鐲》。左側的劉媒婆臉勾白粉塊，已是標準的丑角扮相。

清代晚期手工敷彩楊柳木版青年畫《三岔口》。左側劉利華一角則是標準的武丑扮相。

　　另外，我們從清代早年間的木版年畫中，可以看到弋陽、亂彈時期丑角在舞臺表演中的風采。例如《拾玉鐲》中的彩旦劉媒婆，扭捏作態，令人忍俊。而《三岔口》中的武丑劉利華，身手矯健，亦頗令人撫掌。在人物化妝方面亦有了長足的進步。

以上四圖係清《昇平署扮相譜》中所給四個丑角，分別是《鎖五龍》之程咬金，
《雙賣藝》的遊人，《碰碑》中的老軍，《釣金龜》中的張義。

　　直至晚清，在權貴對戲劇的參與干預下，丑角的化妝變得更加細緻和講究。
而今發現的清代《昇平署扮相譜》中，繪有很多的丑角的扮相，如圖所示，《鎖
五龍》之程咬金，《雙賣藝》的遊人，《碰碑》中的老軍，《釣金龜》中的張義等
等角色，臉上畫的小白塊兒，已精細非常，根據人物特色描畫不一，或長方形、
瓶形、腰子形、棗核形，一一入譜，已不再隨意勾勒了。小花臉與大花臉一樣，

形成了不同人物、不同年齡、不同職業、不同性格，千變萬化的臉譜群。

丑角在化妝時，除了鼻樑上要抹一小塊或方、或長方白粉之外，所戴的髯口也與生、淨不同。根據丑角所飾人物的身份、年齡、性格的不同，可戴「一戮」、「二挑」、「丑三」、「四喜」、「五撮」、「八字」、「吊搭」等多種多樣髯口，以示滑稽誇張。丑角的造形和獨特的表演方式，形成了中國戲劇別樹異幟的「丑的藝術」。正如丁淑梅教授在《戲言曲吟》一書中對丑行的判語：

> 它通過掩面來表達情感，通過虛飾而直擊人心。它出離角色評
> 判善惡，它變換身姿獎懲忠奸，它的奇妙之處在於——悉心描素與
> 演者達成內應，旁敲側擊與觀眾形成對話，它流動的影像切分同時
> 統合了觀、演的兩個世界，帶給戲曲不一樣的生色與異力。

六、丑角臉譜的化妝

丑角的化妝是根據人物的身份、年齡、性格、行為的不同和差異，有著一套完整的、系統的臉譜，如腰子型粉臉、圓形粉臉、棗核型粉臉、箏型粉臉、元寶型粉臉、丑老臉、丑破臉以及碎臉、揉臉和象形臉等。概而言之，俗稱「小花臉」。其中最典型的是方巾丑的臉譜，臉部中央用白粉勾畫一幅「豆腐塊兒」型的白粉塊兒，觀眾一看見這塊「豆腐塊兒」就知道這個演員是丑角。

丑角「豆腐塊兒」粉臉臉譜的勾畫方式，並不是任意塗抹而成，它是很有講究的。丑角的臉譜一要傳神，二要乾淨，三要美觀，最忌諱的就是一個「髒」字。為了使臉譜乾淨、美觀，化妝前必須剃掉全部頭髮和鬍子，尤其不能留鬢角和腦後面的頭髮，洗淨臉上的油垢和汗跡。用水白粉在臉上塗抹白粉，再用手把白色的齷粉揉開，尤其是鼻窩、眼窩、嘴窩都要揉到。然後用胭脂在印堂和左右兩腮塗出一抹紅暈。下一步便是勾畫「豆腐塊兒」。所畫的白「豆腐塊兒」根據不同角色的要求，畫得有大有小，但是再大，左右兩邊不能超過眼角，上面不能超越眉毛。下面不能超過鼻子，輪廓要清晰，兩邊要對稱。勾畫眉眼的線條要求簡練並富於神韻。先勾畫眼睛，再畫眉子，印堂和眉心的地方要勾畫簡易的蝙蝠、壽字等裝飾性圖案。接著再畫出嘴岔、鼻毛、眼線和底線，以突出「豆腐塊兒」的輪廓。丑老臉的眉子和皺紋線，要用白線勾出，例如《女起解》的崇公道。《群英會》的蔣干與《審頭刺湯》的湯勤是兩個典型丑角，蔣干是腰子型粉臉勾尖眼，湯勤是方型「豆腐塊兒」粉臉，勾菱形眼。下一步，無論是否戴髯口，都要畫出嘴岔。先用紅油彩畫

出嘴唇輪廓，再勾出白色邊線。因為丑角的髯口如：弔搭兒。八字、反八字、丑三綹等都是要露出嘴來。

　　以上所說的是文丑丑角勾臉的一般畫法。至於老丑、鞋皮丑、蘇丑、和尚丑、武丑等等均各有講究，而且在畫法上各有師承，各有所宗，並非隨意創造。筆者在這裡也就不一一細說了。而下僅列舉了一些典型的丑角臉譜的實例進行說明，使大家能瞭解些梗概。

《群英會》之蔣幹，為方巾丑典型。勾文丑豆腐塊，係名丑蕭長華的筆法。

《時迁偷雞》之時遷。勾箏形大尖粉臉，寓意身輕如「燕」。係名丑王長林的筆法。

《問樵鬧府》之樵夫，為丑角老臉的典型。勾文丑腰子粉臉，係名丑王長林的筆法。

《打瓜園》之陶洪。勾白粉風箏臉，寓意身體矯健，如空中飛鳶。系名丑王長林的筆法。

《銅網陣》之蔣平，為武丑棗核白粉塊臉。白粉塊中勾三筆氣泡升焰，係名丑李慶春的筆法。

《法門寺》之賈桂。勾白粉桃形臉，頗有溜鬚拍馬，好笑自得狀。係名丑茹富蕙的筆法。

《巴駱和》之胡里，為武丑黑蝙蝠臉。寓醜中見美、惡中見善之意，係名丑王長林的筆法。

《探陰山》之油流鬼。勾揉黑勾白臉，襯托表情變化，象徵鬼卒形象。係名丑慈瑞全的筆法。

七、「丑戲」多如牛毛

常言說：「帝王將相，文武百僚，三教九流，地痞惡少，社會上各類人有各類人的醜行，各行有各行的醜事。舞臺上的丑，就是各類醜人醜行的現世報。」因此，「無戲不無丑，無丑不成戲」。歷數古來劇種戲目，有丑角在內的劇目真是汗牛充棟，多如牛毛。

先拿涉史的正劇來說，如《大保國》，從頭至尾以正生、正旦、銅錘花臉為主，然其中必加一個丑花臉李國丈加以襯托。《全部伍子胥》，是以生、淨為主的唱功戲，然劇中必加一老丑漁丈人以調味道。梅先生的《西施》，必有一個官丑伯嚭，方能相映成趣。尚先生的《出塞》，一定要有個袍帶丑的御弟，載歌載舞，更有生色。程硯秋的大悲劇《荒山淚》，也絕離不開兩位催租討稅的丑稅吏……。

一些嚴肅的正戲，如《空城計》，老生的精彩唱段，當有守城二老丑幫助答對。悲傷哀怨的《洪洋洞》，必有老丑陳宣來個跑圓場。《蕭和月下追韓信》必有一官丑夏侯嬰來給予鋪墊。群雄畢集的《群英會》，也必須有一位份量持重的方巾大丑蔣幹，來加以助興。……

至於鐵馬金戈的大武戲，如《戰宛城》，若沒有文丑曹安民，故事就難以展開。《長阪坡》若沒有糜芳、夏侯恩，便少了許多輕鬆愉快。《八大拿》中要缺少了金大力、楊香武之類的武丑，那就熱鬧不起來。《挑滑車》這類正宗武生大戲，若不加一個捧打花黑風利，何以襯托出高王爺的威風！……

綺旎多姿的情愛戲，如《鐵弓緣》，沒有彩旦周氏、邪僻丑石虎的簇擁，則無以為戲。《望江亭》若沒有邪僻丑兼官衣丑的楊衙內從中攪和，亦當無聲色可言。……

凡有群丑簇擁的戲，如膾炙人口的《鎖麟囊》、《鳳還巢》、《打櫻桃》、《三不願意》、《絨花計》、《鋸大缸》、《泗州城》、《百鳥朝鳳》、《鍾馗嫁妹》……，方顯得格外火炙轟動，引人興奮。

以丑角為主的本功戲、三小戲，則有《打麵缸》、《馬思遠》、《小上墳》、《雙背凳》、《小放牛》、《探親家》、《打瓜園》、《雙搖會》、《雙鈴計》、《殺皮》、《打刀》、《拾黃金》、《瞎子捉姦》、《巧姻緣》、《雙下山》、《丑別窯》、《豆汁計》、《打城隍》、《打灶王》、《背娃入府》、《十八扯》、《盜魂鈴》、《蕩湖船》等等，數不勝數，何以千百計。皆成為婦孺盡知、膾炙人口的美談。更成為早年間木版年畫百看不厭、經久不息的一大主題。

清季朱仙鎮木版年畫《王小趕腳》和《拿一枝花》，圖中丑扮的王小和武丑朱光丑都是人人知曉的角色，俗云「不知孫中山、袁世凱者有之，而不知王小二、朱光祖者無之。」

　　據《中國戲劇年鑒》統計，近代中國各民族地區的戲曲劇種約有三百六十多種。其中，京、評、梆、越、豫為影響最大的五大劇種，有多少傳統劇目？那真是宋百千元、無法統計。僅筆者所知道，王大錯在上世紀二十年代編輯《戲考》一共四十冊，收入京劇劇目近六百餘齣。上海匯文堂新記書局 1933 年出版的《平劇戲目匯考》，則收京劇劇目九百七十五種。1963 年，陶君起編著的《京劇劇目初探》，僅介紹劇情提要已達一千三百八十三齣。至 1989 年，中國戲劇出版社出版的《京劇劇目辭典》，以《京劇總目匯考》為基礎，收戲目有五千三百餘條。最近，由北京市藝術研究所編纂、北京出版社出版了一套三十卷的《京劇傳統劇本彙編》，一共收入了京劇傳統劇本四百九十八部。其中，有大小丑角的戲占百分之七十左右，以丑角吃重的「三小戲」約占百分之三十，以丑角擔綱的戲約占百分之十五左右。而以丑角為主演或小丑、小旦的「對兒戲」或「獨角戲」約占百分之十。足以見證，丑角在中國戲劇中所佔的地位和分量。

　　筆者粗略地統計了一下，自清末民初期間，民間常演的丑角戲有如下多出，如《打麵缸》、《打鋼刀》、《打城隍》、《打櫻桃》、《打灶王》、《打槓子》、《打花鼓》、《打齋飯》、《打門神》、《荷珠配》、《廣平府》、《呆中福》、《小放牛》、《一文錢》、《審陶大》、《鬧端陽》、《九錫宮》、《龍鳳旗》、《蕩湖船》、《跑驢子》、《小過年》、《選元戎》、《探親家》、《祥梅寺》、《二龍山》、《丑觀陣》、《迎賢店》、《盜葫蘆》、《盜王墳》、《下法海》、《丑表功》、《連升店》、《頂花磚》、《三搜府》、《一匹布》、《一兩漆》、《下河南》、《丑別窯》、《陳三兩》、《鬧金階》、《小訪友》、《盜魂鈴》、《變羊計》、《浣花溪》、《老少換》、《還帶記》、《小上墳》、《挑女婿》、《下山》、《照鏡》、《借靴》、《雙搖會》、《打瓜園》、《打麵缸》、《小上墳》、《紡棉花》、《十八扯》、《殺狗》等等，近百種之多。

　　丑角戲有著深厚的群眾基礎，不僅廣大的市民階層喜歡看，知識階層對丑角戲也極感興趣，在昔日的大小報刊、劇評乃至文人筆記中，讚美丑角戲和名丑演技的詩文層出不窮。就拿張伯駒先生的《紅毹紀詩選》來說，其中詩詠丑角戲的作品就佔據了很大的篇幅。如：

　　　　馬氏淮西大腳娘，坤宮正位配僧皇。當年安武司營務，花鼓親
　　　　看鬧鳳陽。(《打花鼓》)

　　　　要命彎弓足架肩，杏花仙是蕩魂仙。捧場文墨皆餘事，更賦瓊

瑤坐御筵。（《小放牛》）

喜劇演來豈是淫？茶餘酒後可開心；諸如香亦成先輩，更少人知陸鳳林。（《查關》）

高懸白日映紅蓮，翠蓋遮來水底天。惟有蕭家能此曲，納涼遙望蕩湖船。（《蕩湖船》）

縞妝紗帽滿臺飛，國泰排來意有譏。梆子亂彈皆妙絕，喜榮歸與丑榮歸。（《小上墳》）

祥梅寺劇見豐神，隔水樵夫更問津。老旦並能開口跳，福山以外少傳人。（《祥梅寺》）

演來灰麵劇詼諧，身段曾從聞訊來。黑夜獵獾談遇鬼，亦如誌異看聊齋。（《送灰麵》）

如是種種，生動地描述丑行在舞臺上各色表演。詩後還有注釋，細述掌故軼事，讀詩如觀戲，戲在詩句中，為丑戲的研究又提供了不少有趣的史料。

八、「丑行」的分類

戲班裏「四大行當」中，各行各有所藝、各行各有所工。《梨園譜》《明心鑒》都是專業演員的「心譜兒」。

丑角，分為「文丑」和「武丑」兩大行當。從人物的地位、年齡、職業、性格特徵來分，又分為方巾丑、蘇丑、官衣丑、茶衣丑、鞋皮丑（邪僻丑）、袍帶丑、老丑、丑婆子、開口跳等各種類型。丑角扮演的人物眾多，上至帝王將相，文武百官，下至黎民百姓，男女眾生，老老少少，三教九流，地痞流氓，三姑六婆，漁、樵、耕、農、旗、鑼、傘、報、車、船、店、腳，衙，獅子、老虎、狗。總之，凡是舞臺上有的，別的行當不演的角色，丑角都得演。能把舞臺上的「丑」，幻化為藝術上的「美」，才算是一名有道行的好醜。

方巾丑：在文丑中，大凡頭戴方巾、身穿褶子的角色都叫方巾丑。諸如文人學士、有錢的紈袴子弟，衙門口的書吏、幃幄中的謀士、塾館的教師等，都是這種打扮。這類人的學識和氣質不同，如《群英會》中蔣幹，有「儒氣、才氣、呆氣」。《活捉三郎》中張文遠，則有「俊」氣和「邪氣」。而《打花鼓》中大相公，除了有「流氣」之外，還有「橫氣」，「驕氣」，「傲氣」。表演細膩、交代明白，決不能不分子丑卯酉、胡亂來一氣。

　　袍帶丑：丑行所演的角色中，有穿蟒掛帶的官場人物，可分為蟒袍丑，官衣丑兩類，在表演上有不少共通之處，但也有不同之處。穿蟒的人物大多官高爵顯，不是皇帝，就是重臣。如《湘江會》中的齊宣王，《龍鳳旗》中漢宣帝等，有的老而幹練，有的老邁昏庸。但要演出「老有童心」、「老而天真」的神態，但又不失國君、大宦的風度。還有的武將出身的開國元勳，如《鎖五龍》的程咬金。他性格開朗，談吐詼諧，雖已年邁，仍老當益壯，演來須不失武將風度。

　　官衣丑：指那些穿著或紅、或藍、或黑色朝廷官衣的人物，如《審頭刺湯》中湯勤，《失印教火》中金祥瑞、《打嚴嵩》中嚴俠，以及大大小小的知縣、門官。這類人有的念過書，有文墨。演來唱念並重，身段講究儒雅、穩重，官家風度不可失。

　　老丑：老丑大多都是心地善良、為人忠厚的好佬。如《金玉奴》中的金松、《蘇三起解》中崇公道、《賣馬》中的王老好、《奇冤報》中張別古等。這種人物或掛白四喜髯口，或掛鬖，神情和藹可親，性格風趣詼諧，特別接近生活。

　　丑婆子：又叫彩旦。這類人物按年齡，分成老、中、青三種。年紀較輕的丑婆子戲，如《鎖麟囊》中的梅香、《雙別窰》中的楊姑娘，演來須粗獷潑辣，動作麻利，身段動作不能過分誇張。中年婦女如《拾玉鐲》中劉媒婆、《能仁寺》中的賽西施等，她們心直口快、多嘴多舌、貪財求利、俗氣粗鄙等特點。老年婦女如《風波亭》中的賀氏、《變羊計》中賈媽等，身份、處境各不相同，不能演成千篇一律。

　　茶衣丑：所謂「茶衣」，就是指舞臺上仿傚古代勞動人民穿的短衣布裙。比如《絨花記》中的雇工崔八，《打花鼓》中的忘八，《武松打虎》中的酒保，《問樵鬧府》中的樵夫等等小人物。這類角色看似容易，但演來並不容易。他們平時要注重生活和觀察，要學會各行各業人物的習慣動作。

　　邪僻丑：是指穿藍布長袍一類的角色。什麼三教九流、地痞惡棍、流氓打手等都穿這類玩藝兒，如《打漁殺家》中的教師爺，《四進士》中的劉二混，這類人不是官府的爪牙，就是社會上的拉圾，仗勢欺人，狐假虎威，流氓成性，站沒站樣，坐沒坐相，自身沒有真本事，專門從事坑、蒙、拐、騙。

　　和尚丑：多說「京白」或蘇州方言。如《雙下山》、《瘋僧掃秦》、《翠屏山》等，這些戲要求演員具有多方面的本領，唱、做、念、舞，身段、水袖、臺步、扇子、雲帚、佛珠等，各種技能於一爐。

此外，還有一種殘疾丑：是專門扮演有殘疾角色的丑角，如瞎子，跛子、駝背，聾子、兔唇等人物。文的有《巧姻緣》、《瞎子算命》，武的則有《打瓜園》、《扈家莊》之類的戲。都需要有特殊的表演技巧，如跛腳功、矮子功，沒有這種功力，是很難登臺討俏的。

武丑：武丑是戲曲中以武功見長的丑角，俗稱「開口跳」。專門扮演戲中有武藝，而且性格滑稽的角色。勾小花臉，戴「二挑髯口」，穿緊身衣褲，步履輕盈，動作靈活，身懷絕技，可以從兩張桌翻下，落地無聲。可以攀欄杆、走矮子，飛簷走壁，倒掛金鐘。所飾角色如楊香武。秦仁、朱光祖、酒丐等神出鬼沒的武林人士。也可以飾演《小放牛》中載歌載舞、充滿童稚童心的小牧童，也可以飾演不顧言微人輕、一身正氣的流油鬼。專以武功技巧刻畫人物，取悅觀眾。

九、清末民初的京劇名丑

在一系列京劇明星中，丑星層出不窮。自清季以來，出現了很多造詣高深的著名演員，他們的表演藝術深受廣大觀眾歡迎。因篇幅所限，筆者僅將清末民初代表性的名丑大師們介紹如下：

黃三雄（1813～1894）

黃三雄，蒙古族旗人，世襲雲騎尉。名札拉熊布，字德山，號叔敏，小名雄兒，行三。道光初年投入高腔恩慶科班，先學老生，後改丑行。《送盒子》、《入侯府》等戲，最為時人賞識。三雄的功績在於把高腔丑角的表演傳到京劇之中，與楊鳴玉、劉趕三鼎足而立，世稱黃派。代表作有《趕考》、《盜韓》、《小過年》等戲。

劉趕三（1816～1894）

劉趕三，名保山，字韻卿，天津人。他的嗓音清亮，念白脆爽，做表傳神。他有較高的文化修養，能根據劇情自編唱詞唱腔，改變以往丑行「重念不重唱」的狀況。不僅擅演《連升店》、《請醫》、《法門寺》、《十八扯》等老戲，尤其對一些「丑婆子」戲最拿手，如《探親家》的鄉下媽媽，演來冠絕一時。劉趕三是京劇表演藝術上對後世影響最大，成為清同光年間「十三絕」之一，被京劇界推選為精忠廟首，成為下海的票友執掌梨園的第一人。

劉趕三在《探親家》劇中飾演鄉下媽媽。　楊鳴玉在《思志誠》劇中飾演的忘八。

楊鳴玉（1815～1894）

楊鳴玉，又名阿金，字儷笙，號鳴玉，排行第三，習稱「楊三」。江蘇甘泉人。道光年間入崑曲「和盛」班，學崑丑。後進京搭「雙奎」班。以《思凡》、《下山》、《千里駒》、《白蛇傳》等最為稱手。是京劇蘇丑第一人。相傳，他關心時事、在臺上諷刺李鴻章賣國，而被迫害，開除梨園會籍，不知所終。死後，有人為他寫了一副著名的輓聯：「楊三已死無蘇丑，李二先生是漢奸。」

麻德子（1842～失考）

麻德子，其真名實姓失考，滿族，北京人。工武丑，善武術，擅將武術揉入舞臺表演技巧中去，豐富了舊有的程式化動作，領一時之先。《三盜九龍杯》、《打魚殺家》、《八大拿》中的武丑都是麻德子的傑作，也成為後學者的樣板。晚年與譚鑫培合作的《連環套》、《戰宛城》，獨享一時之勝。

王長林（1857～1931）

王長林，北京人，自幼加入勝春李科班學藝，從師王文隆，學習武丑，文武皆精，曾與譚鑫培配演《打棍出箱》、《清風亭》等戲，一舉成名。出科後長年與譚鑫培、楊小樓合作。光緒二十一年（1895年）入選昇平署外學。民初先後輔佐梅蘭芳、楊小樓、余叔岩、言菊朋、高慶奎、馬連良等人，是京劇丑行中的元老。其武功紮實，身手矯健，嗓音清亮，白口流暢。代表劇目有《盜甲》、

《盜鉤》、《盜戟》等武丑戲和《小放牛》、《下書》、《馬思遠》等文丑戲。

張占福（1844～1927）

張占福，河北省南陂半壁店人。因為生得面黑，藝名張黑。出身於鄉下科班，幼隨馬戲班學藝，長於武術，兼學河北梆子文、武丑行。由於他河北口音較重，不適於唱皮黃，所以，他在京劇行中以擅做擅打著稱。他曾隨黃月山赴滬演出，以《巴駱和》、《盜銀壺》、《溪皇莊》、《盜甲》等戲紅極一時。他在表演上勇於創新，將得多雜技技巧引入戲中。如在兩張桌上拿頂，椅子上翻「雲裏提」，轟動一時。

王長林之《三盜九龍杯》。

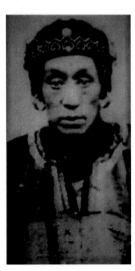
羅壽山的戲裝像。

羅壽山（1861～1912）

羅壽山，江蘇蘇州人，原名樹德，字朗臣，乳名百歲，後世也稱其為羅百歲。幼年曾拜楊鳴玉為師，學藝丑行，二十歲成名。在當時京劇梨園以小花臉挑班居第一位，頗受當時觀眾的歡迎。並與梨園界名角合作演出《十二紅》、《雙釘記》、《雙鈴記》、《梅玉配》等，頗有盛名。三十來歲進宮唱戲，深得田桂風等名家欽佩，他嗓音極佳，念白脆亮清朗，語言冷雋風趣，他在演出中常以微詞譏諷時事，諧而不俗。表演深邃。梅蘭芳曾說：「我所看過的丑角老前輩，以羅百歲為第一」。

蕭長華（1878～1967）

蕭長華，號和莊，藝名寶銘。原籍江西新建，生於北京。幼年拜徐承翰學戲，1895 年拜宋可泰為師，專工文丑。曾先後搭鴻奎班、玉成班演出。與黃潤

甫、楊小樓、梅蘭芳等著名家合作。1904 年起應富連成科班之聘任總教習。
除主教丑行外，生、旦、淨諸行戲也遍為教授。任職 36 年，從第一科到第七
科經他開蒙指導的學生不計其數。京劇界傑出人才雷喜福、馬連良、李盛藻、
小翠花、李世芳、侯喜瑞、劉連榮、袁世海、馬富祿、葉盛章、葉盛蘭、艾世
菊、曹世才等，都出自他的門下。蕭長華主持編劇、整理和教排了大量傳統劇
目約 400 餘齣。建國以後，曾經任中國戲曲學校校長。為京劇事業的繁榮和發
展做出了巨大的貢獻。

名丑蕭長華在《審頭刺湯》劇中飾演湯勤。

傅小山（1880～1934）

傅小山，名恒泰，父親是清朝禮王府的管家。傅小山從小參加北京的「香
會」，演練「五虎棍」，身體靈活、動作矯捷。後來拜徐福雄為師，正式學了武
丑。出師後，曾搭過義順和班，長期在楊小樓劇團輔佐楊小樓演出。光緒三十
年（1904 年）選入內廷供奉。二十年代加入了程豔秋的劇團，經常與武生演
員周瑞安合作演出。

傅小山演的武丑戲，有讓人望而生畏的跌撲特技，走「撲虎」、打「鏇子」，

兔起鶻落，利落漂亮。《趙家樓》中的「攀欄杆」，更是精彩照人。他能在欄杆上做出許多特技動作，最後還來一個「掛蠟」數分鐘，無人可比。

慈瑞泉（1882～1941）

慈瑞泉，又名慈瑞全，1904 年被選為清內廷供奉時，因避慈禧之諱改名為訾得全。自幼拜名丑羅壽山為師。先後在玉成、同慶、喜慶搭班演戲。開始為譚鑫培配戲，後為梅蘭芳、楊小樓、余叔岩、譚富英配戲。尤其是尚小雲所倚重的左右手。高慶奎的《史可法》、《煤山恨》，梅蘭芳的《鳳還巢》，程硯秋的《青霜劍》、《朱痕記》也都有他的參與。

慈瑞泉有一條橫寬響亮的「大喇叭嗓子」，頗有真率質樸的韻味。他的白口，繼承了乃師大小音結合，以吸氣轉換語意的念法，「數板」則硬砍實鑿。他演丑角的特點是演老年、平民或好人更為出色，並且還擅演丑婆戲。

張春山（1895～1960）

張春山，夏津縣人，京劇表演藝術家，著名京劇丑角演員，素有「滑稽大王」之稱。9 歲在京劇名家陸華雲、胡素仙主辦的長春科班和成平科班學戲。15 歲拜名丑郭春山為師，專攻文武丑行，對生、旦、淨、末也有鑽研。後在北京鳴盛和、祥慶和搭班演戲。1920 年到東北組班演出，在丑行中獨樹一幟，以「小花臉」的戲壓大軸，被譽為「四大名丑」之一。擅演劇目有《戲迷傳》《兄妹頂嘴》、《發財還家》、《花子巧報》、《一對好傻子》等，多為自編自演。上海百代唱片公司、蓓開公司均曾多次為其灌製唱片。深受東北地區人民的歡迎，有「滑稽大王」、「關外第一名丑」之稱。

馬富祿（1900～1969）

馬富祿，富連成第三科的學生，七歲入「鳴盛和」習老旦，後因科班報散，十歲經劉喜益介紹轉入「富連成」習藝，先工老旦，後改丑行。從師蕭長華、郭春山。由於他天賦條件好，尊師好學，刻苦勤奮，在科班裏就小有名氣，常與馬連良合作，配合默契，相得益彰。出科後隨楊小樓、梅蘭芳、于連泉等赴上海獻藝。載譽歸京後，長期為筱翠花、馬連良配戲，是「三小戲」和做派老生戲中不可多得的丑角人才。

馬富祿的嗓音響堂，天賦條件奇絕，他口齒清晰爽脆，以唱念的絕對優勢勝出。他所演的角色，不論是方巾丑、袍帶丑、茶衣丑還是彩旦、丑婆，都非常有光彩。他戲路寬廣，念白流利，身手矯捷，文武皆通，能戲頗多，除去文武丑角應工戲外，他還能兼演老旦應工戲及花臉應工戲。

名丑馬富祿在《烏龍院》中飾演
張文遠。

名丑劉斌昆在《宋士傑》中飾演
劉二混。

劉斌昆（1902～1990）

劉斌昆，原名桂虎，藝名小客串、自大必。原籍河北省豐潤縣，生於上海。7歲隨父劉燕雲在鎮江演娃娃生。9歲從河北梆子名丑童紫紅學習丑戲，後拜徽班名丑趙桐順為師。1921年，復拜克秀山為師，改唱京劇。嗣後曾與周信芳、馬連良、蓋叫天、琴雪芳等大角同臺獻藝，取名劉斌昆。

劉斌昆一生好學不倦，博採眾長，熔徽、漢、昆、梆子丑角的表演藝術為一爐，功底深厚，戲路寬廣，表演精闢入理，深切動人。唱、念、做、舞，俱都根據劇中人物的身份地位、思想感情及劇情需要而加以變化；白口層次清楚，句讀分明，有較濃厚的生活氣息，身段儒雅大方，尤擅長扮演方巾丑。主張用「俊」的藝術手段體現「丑」，並從生活中和各種藝術形式中吸收借鑒、自成風格，是海派丑角的代表人物。

茹富蕙（1904～1949）

茹富蕙，字子餘，乳名順立。出身梨園世家，祖上茹萊卿、父親茹錫九、兄長茹富蘭都是著名的京劇演員。他9歲入富連成，工丑行，師承蕭長華、郭春山等。袍帶丑、方巾丑、茶衣丑及丑婆子無不嫻熟。其嗓音宏亮，口齒清晰，詼諧而不庸俗。曾與楊小樓、梅蘭芳、余叔岩、馬連良、譚富英、楊寶森、奚嘯伯等諸多名家合作。其蔣幹、湯勤得蕭長華精傳，曾獨步一時。1949年僅46歲即英年早逝。

朱斌仙（1907～1971）

朱斌仙，字子峰，北京人。7 歲入俞振庭創辦的斌慶社學藝，與孫毓堃、徐碧雲、毛慶來、劉慶義等為師兄弟。初習老生後改丑角。15 歲出科後拜郭春山為師。17 歲即隨梅蘭芳劇團赴日演出。由於他嗓音響亮，又極擅刻畫人物，所飾《孔雀東南飛》之焦母、《梅玉配》之黃婆、《鳳還巢》之程雪豔、《牧虎關》之高來、《李七長亭》之解子、《逍遙津》之華歆，極負盛名。1946 年至 1960 年期間，先後執教於上海夏聲戲校和北京市戲曲學校，育人無數。

名丑朱斌仙在《問樵鬧府》中飾演樵夫。

名丑葉盛章在《雁翎甲》中飾演石遷。

葉盛章（1912～1966）

葉盛章，字耀如，原籍安徽太湖，生於北京。係富連成社社長葉春善之三子。葉盛章 7 歲入福清社學習花臉，十歲轉入富連成社學習文、武丑。先後師從蕭長華、郭春山、沈金戈、曹心泉、王連平等名家。後因輩份關係，名拜王福山為師，實從師爺王長林習藝。拿手戲《巧連環》、《打瓜園》、《祥梅寺》及《八大拿》等武丑戲，均得王氏真傳。他的工底深厚、勇於創新。在傳統武丑戲中齣齣都有絕活，堪稱獨步。他演的《智化盜冠》、《徐良出世》、《酒丐》等武丑戲享譽南北。1947 年，蓋叫天以雙頭牌名譽特邀葉氏到上海黃金舞臺聯袂演出《三岔口》，譽為「南北雙絕」。1948 年，組班「全新社」，首創武丑挑大樑的先河。迄今為止，他是惟一享有「葉派武丑」之譽的丑角大師。門下弟子無數。

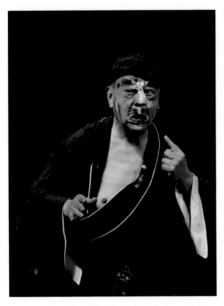 

崑劇《十五貫》劇照，王傳淞飾婁阿鼠。 李濱聲為川劇名丑周企何在《迎賢店》中飾演店婆的造像。

王傳淞（1906～1987）

王傳淞，著名崑劇演員，蘇州人。1921 年入崑劇傳習所，師承沈月泉、沈斌、陸壽卿等，後曾參加浙江省昆蘇劇團，因排演改編崑劇《十五貫》而轟動劇壇。他在《十五貫》中主演婁阿鼠，亦因塑造人物神態逼真、技藝精湛而蜚聲中外。獲文化部頒發的榮譽獎獎狀。他集 60 年舞臺生涯實踐所提出的崑劇丑角表演「醜中美」的美學追求，已成為中國戲曲丑行舞臺表演藝術的一種審美標準和理論規範。

周企何（1911～1988）

周企何，原名園園，四川成都人；五歲入太洪班學藝，演娃娃生，九歲在成都登臺演出，1926 年入成都三慶會，從師唐陰甫，習小生；倒嗓後學丑；曾搭班在四川各地演出；1935 年後主演《梅花簪》《做文章》《迎賢店》等劇，受到觀眾廣泛讚揚；對川劇傳統表演藝術的發展創新有著突出的貢獻；為各種劇種公認的一代名丑。

除了以上這些名丑大師之外，後起之秀層出不窮。如蕭盛萱、孫盛武、艾世菊、詹世輔、駱洪年、張春華，都是一頂一的好角。因篇幅所限，筆者便不再一一贅述了。

十、歷代官方對「丑戲」的查禁

　　丑角色自其誕生之日起，因其內容和表演形式多與君權貴益、封建道德、世俗風情有所碰撞和衝突，因此，時常受到禁止和打壓，這在歷代的戲劇史料中多有記述。如丑角在戲中「瀆神弄孔」，或是「諷刺君王」、「針貶時事」，或是「語帶芒刺」、「含沙射影」、「指東說西」、「打狗罵雞」，多為權貴所不容。或封箱禁止，或罪及優孟，鞭笞坐監、去籍出境之罰不勝枚舉。

　　首先要說的是，歷代丑角「借戲中人語」「針貶時事」「瀆神弄孔」的戲要嚴加禁止。例如，戲劇「弄孔子」就是一大公案。《春秋穀梁傳·定公十年》就記有：

> 夏，公會齊侯於頰谷⋯⋯頰谷之會，孔子相焉，兩君就壇，兩相相揖⋯⋯罷會，齊人使優施舞於魯君之幕下，孔子曰：「笑君者，罪當死！」使司馬行法焉，首足異門而出。於是，文宗旨諭，此戲禁止。

　　又有文字記載：宋神宗末年，有一齣加進了王安石的「弄孔子戲」。優人讓一丑角扮成孔子，坐在舞臺中間，顏回、孟子、王安石等環坐兩旁。劇中的孔子譁語無遮，而他的弟子屈於權勢，阿諛俸承、唯唯諾諾，伶人們對他們是極盡諷刺、挪揄之能事。此戲亦遭到高官權貴們的怒斥，謂其「誹謗國政」，其罪當殊！

　　岳珂《桯史》卷十三有文稱：

> 蜀伶多能文，俳語率雜以經史，凡制帥幕府之宴樂多用之。嘉定中，吳畏齋師成都，從行者多選人，類以京削繁念。伶知其然，一日，為古衣冠數人遊於庭，自稱孔子弟子，（語言狂妄）。⋯⋯優伶侮聖言，直可誅絕。

歷代丑角以孔子為諷諫的對象，不僅是對聖人儒教之不尊，也是對國體重器之不尊，在封建統治者眼中，對這類狂妄的丑角和故意泄瀆國教的戲劇予以嚴斥，禁而再禁，也是無可厚非的事情。

　　《桯史》卷七還記有一件丑角譏諷權相秦檜的故事，謂：

> 「秦檜以紹興十五年四月丙子朔，賜第望仙橋；丁丑，賜銀絹萬匹，兩錢千萬，彩千。有詔就第賜燕，假以樂坊優伶，宰執咸與。中席，優長誦致語，退。有參軍者前，褒秦檜功德，一伶以荷葉交倚（椅）從之，詼語雜至。賓歡既洽，參軍方拱揖謝。將就倚（椅），

忽墜其襆頭，乃總髮為髻，如行伍之巾，後有大巾環，為雙疊勝。
伶指而問曰：『此何環？』曰：『二聖環。』遽以朴擊其首曰：『爾但
坐太師交倚（椅），請取銀絹例物，此環掉腦後可也。』一座失色。」
秦檜大怒，於次日將這些優伶下了大獄，將其囚死。「於是，語禁始
益繁。」

但是，這些文字的記載，也顯示出飾演丑角的俳優，敢於藐視權貴、言而
無忌的優秀品格。身為優伶冒死干政、直諫皇帝的故事，在史書中也層出不窮。
例如：剖腹明心，勸諫武后的宮廷太常寺樂工安金藏；在安祿山面前擲樂器於
地，寧願被肢解，不向叛賊低頭的樂工雷海青；為民之艱苦諫言，甘冒「誹謗
國政」罪名而獻身的成輔端等。他們的行為使那些經常叫囂「誅優」的廟臺之
官為之汗顏。低賤的伶官戲子常被說成是逸樂，淫亂，亡國的誘因，被儒生斥
罵、請誅。倒是歐陽修頗有見識地編修《伶官傳》，為正直的伶人講了一句公
道話：「夫禍患常積於忽微，而智勇多困於所溺，豈獨伶人也哉？」儘管如此，
歷代禁戲尤為不止。

明代建國之始，朱元璋在汲取歷朝治國經驗，欲確保明朝的長治久安，親
自修訂的《大明律》中就強調禁戲的重要性，他寫道：「凡樂人搬作雜劇戲文，
不許裝扮歷代帝王后妃忠臣烈士先聖先賢神像，違者杖一百……」到了清朝更
變本加厲。如清乾隆五十年（1785）《欽定大清會典事例》乾隆皇帝上諭《禁
秦腔》一款：

> 議准：嗣後城外戲班，除崑、弋兩腔仍聽其演唱外，其秦腔戲
> 班，交步軍統領五城出示禁止。現在本班戲子概令改崑、弋兩腔，
> 如不願者，聽其另謀生理。倘於怙惡不遵者，交該衙門查拿懲治，
> 遞解回籍。

道光十二年（1832）亦有《告諭》一款云：「《界牌關》羅通殉難，裸體蹣
趺，《潯陽江》張順翻波，赤身跳躍，對叉對刀，極凶極惡，蟠腸亂箭，最狠
最殘」，「梨園孽海、名教應除，法司當禁」。（引金連凱道光刊本《靈臺小補》）

道光十六年（1836），道光皇帝再次向全國頒發了《禁止演淫盜諸戲諭》，
強調：

> 為諭止演淫盜諸戲。以正人心以消亂萌事。蓋聞聖王治人性情。
> 必以禮樂。禮教起於微眇。而樂之感人尤深。優戲。亦樂類也。演
> 忠孝節義之事。則愚夫愚婦。亦感激奮興。或歡息泣下。是有司教

化之所不及施者。優戲能動之也。雖謂勝於古樂可也。演天冶褻狎
之狀。則靜女良士。亦蕩魂搖魄。不能自主私奔苟合之丑。往往緣
此而成。是有司刑禁之所力為防者。優戲能敗之也。是甚於鄭聲之
亂雅也。且演戲。以樂神也。神聰明正直。豈視邪色聽淫聲也者。
非直不視不聽而已。必致反干神怒。凡水旱癘疫之不時祈禱之無應。
安知非淫戲瀆神之所致哉。或者謂有元黃之正色。不廢紅紫。有松
柏之貞姿。不廢桃柳。凡忠孝節義與夫男女之悲歡離合。須相雜而
成文。豈其事涉風流。在所必絕。然如折柳一曲。夫婦依依戀別。
能增人伉儷之重。僕婢相窺。不及於亂。此所謂發乎情。止乎禮義
者也。何不可娛心意。悅耳目。而乃必跳牆廟會。賣胭脂。備諸穢
態乎。古者淫聲凶聲有禁。而當今功令。水滸一書。亦在禁限。蓋
觀水滸者。至戕官篡囚。輒以為快。不知上下有定分。乃天經地義。
父雖不慈。子不可忤。官雖失德。民不可犯。宋江等三十六人。橫
行天下。一夕盡為張叔夜所殺。載在正史。凡為不軌者。可以鑒戒。
今登場演水滸。但見盜賊之縱橫得志。而不見盜賊之駢首受戮。豈
不長兇悍之氣。而開賊殺之機乎。案優伶為本學所統管。凡有點淫
盜諸戲者。仰班頭即請更換。爾士民亦宜慎擇之。以助本學正人心。
消亂萌而迓神貺。是所厚望。（引《丙申四月容山教事錄》，余治輯
《得一錄》）

這篇上諭，不僅要禁止「搬作雜劇戲文，不許裝扮歷代帝王后妃忠臣烈士
先聖先賢神像」，還要禁止各種有違風俗的各種民間小戲。中國人一向「上有
所示，下必應之」。民間縉紳、道學腐儒各是應聲而起，他們不僅要維護皇權、
三綱五常和儒教尊嚴，更強烈要求掃蕩有違封建禮教、有違封建倫理道德的
「淫粉之戲」、「強梁之戲」，也就是說要消滅一切「小生、小旦、小丑」的「三
小戲」。這些道學家視一切有丑角插科打諢的「丑戲」都是洪水猛獸，是「非
禮勿聽」、「非禮勿視」，國法不容，理應當殊的異物。

同治八年（1869）在政府的支持下，市井頒布了影響全國輿論的《翼化堂
條約》。《條約》強調：

一梨園演劇。例所不禁。而淫戲害俗。則流毒實甚。特近世習
俗移人。每逢觀劇。往往喜點風流淫戲。以相取樂。不知淫戲一演。
戲臺下有數千百老少男女環睹群聽。其中之煽動迷惑者何可勝數。

故欲為地方挽回惡俗者。宜以禁演淫戲為第一要務。

　　一地方迎神賽會。各業議規。必多演戲。原屬人情。特既一經開演。花費多少錢糧。耽誤多少工夫。哄動多少男婦。而不於此中多點勸善戲文以資感化。反任其扮演淫戲以惑我齊民。是何異買鴆毒以自戕其子弟耶噫。

　　一各處城鄉廟宇。多有戲樓。廟壁上必須立碑永禁點演淫戲。樓上不便立碑。或砌石入壁。或懸木榜。寫明奉憲示禁字樣。並書明如演唱一齣。定議扣除戲錢一千文。不准徇情寬貸。恃強不遵者。稟官究責。

清同治年刊本《得一錄》書影。

　　丑角戲中有許多小生、小旦和小丑，演的有兒女私情、投懷送抱、刁窗跳牆、賣夜私奔之屬的情愛戲、玩笑戲，調笑戲和逾禮戲。為道學先生、鄉鎮紳縉謂之「淫戲」、「粉戲」，「破壞論理」、「有辱綱常」、「誨淫誨盜」、「俗敗風傷」。因之，四鄉禁止，班社驅逐，犯者入官，遊街示眾。如是，丑角戲劇最遭打壓。清代刊行的《翼化堂條約》稱：「淫戲害俗。則流毒實甚。淫戲一演。戲臺下有數千百老少男女環睹群聽。其中之煽動迷惑者何可勝數。故欲為地方挽回惡俗者。宜以禁演淫戲為第一要務。」這種立論，實質上是箭指丑戲、丑行。

　　禁演「丑戲」以正風化，清季最為嚴厲。「倘於怙惡不遵者，交該衙門查拿懲治，遞解回籍」（引自《欽定大清會典事例》）。在《得一錄》開具的《永禁淫戲目單》的八十餘齣劇目中，有丑角參演或丑角主演的戲便有七十餘齣，幾乎達到了百分之九十。筆者錄之如下，以供讀者品評。

　　　晉陽宮　打花鼓　翠華宮　賣胭脂　打連廂　別妻　服藥　關
王廟　葡萄架　翠屏山　困龍船　捉垃圾　思春　倭袍　蕩河船
賣甲魚　前後誘　拾玉鐲　打櫻桃　思凡　下山　打麵缸　鬧花燈
唱山歌　賣橄欖　賣青炭　借茶　三笑　賣草囤　紅樓夢　把門關
財星照　端午門　遊殿　送柬　請宴　琴心　跳牆著棋　佳期　拷
紅　長亭　齋飯　搬家　吃醋　挑簾裁衣　偷詩　三戲白牡丹　交
帳　送禮　滾樓　月下琵琶　琴挑　追舟　私訂　定情　跌球　奇
箭　送燈　嫖院　梳妝擲戟　修腳　捉姦　爬灰　搖會　戲鳳　墜
鞭入院　亭會　秋江　弔孝　背娃　吞舟　醉妃　扶頭　種情受吐
勸嫖　達旦　上墳　賣餅　踏月　窺醉

　　《永禁淫戲目單》文後強調「右誨淫各種戲文，如敢點演，立將班頭送官究責、或罰扣戲錢三千文、以儆將來」。

　　筆者暇時翻看晚清時期上海出版的《點石齋畫報》，上邊不時刊出當地發生的實事新聞。這些新聞別開生面地用圖畫的形式予以報導，生動活潑，現場寫實，形同攝影。既撩人口味，又便於廣泛傳播，無論士農工商、婦孺文盲，均可一目了然，頗受歡迎，發行甚廣。其中，便有數篇關於政府嚴厲懲辦民間戲班演出禁戲的新聞。畫中，官府捕吏面目猙獰、窮凶極惡，犯了法的藝人則粉墨未卸，便項戴鎖鏈，被牽扯遊街、當眾示辱。圍觀者熙熙攘攘、擁街堵道，鴞瞪鵝視，雞鳴鶴噪。圖中最突出的「罪犯」都是戲班裏的丑角。如第一幅圖，被遊街示眾的是一丑一旦，丑角在前，旦角居後。從妝束上看，演的大概是《吃茶》、《活捉》之類的「對兒戲。」第二幅，則是某班社因演出《翠屏山》，被官府捉拿，全班各種角色的演員，如石秀、楊雄、潘巧雲、鶯兒均在其內。而被居中鎖拿的重點要犯，則是扮演的潘老丈的大丑。

　　為什麼要對戲班裏的丑角予以更加嚴厲的處罰和凌辱？其一，丑角是一劇之膽，尤其對所謂的「禁戲」而言。其二，丑角演員技術全面，五場通透，是戲班裏的頂樑柱，也是「老郎神」的化身。其三，在彼時的民間班社中，大丑多是「拴班的」「成事的」，多數大丑都是戲班的班主，或是東家的代理人。

嚴懲大丑就是嚴懲了戲班。將大丑逮捕入官，或是懲戒罰款，或是認罪被逐，或遊街示眾，以儆效尤，都要與當家的大丑說話。

官府嚴查禁戲，優伶枷鎖遊街，見自清代刊本《點石齋畫報》。

　　清室遜位以後，打壓「丑角戲」仍未中止。激進文人陳獨秀等人曾多次撰文呼籲：「像那《月華緣》、《蕩湖船》、《小上墳》、《雙搖會》、《海潮珠》、《打櫻桃》、《下情書》、《送銀燈》、《翠屏山》、《烏龍院》、《縫搭膊》、《廟會》、《拾玉鐲》、《珍珠衫》這等的戲，實在是傷風敗俗。定要禁止的呀！」（見《陳獨秀文集·論戲曲》）

　　國民政府一度成立了由民政部統轄、諸省市分立的「戲曲審查委員會」，分別制訂了禁戲政策和實施條例，禁演「粉戲」、禁演「丑戲」雷厲風行。筆者在北京檔案館查閱戲劇史料中，就發現吳曼公在主持北平戲劇檢查工作時，就禁演了《戰宛城》、《拿蒼蠅》、《小老媽》、《逛河沿》、《瞎子捉姦》等多出丑戲，並禁止武丑在舞臺上「飛人」、「攀欄干」、「摔踝子」、「弔小辮」等高難危險的表演。因之，也幾乎禁絕了一些「武丑戲」。

清末《點石齋畫報》刊載新聞：某班社因演出禁戲《翠屏山》被官府捉
拿，演員遊街示眾，以為儆戒。

中華人民共和國成立伊始，首當其衝查禁壞戲，以開新風。解放軍北平軍
事管制委員會未進城，就在報紙上頒布了《禁演五十五齣含有毒的舊劇》的公
告。其中「《大劈棺》（《蝴蝶夢》）、《海慧寺》（《馬思遠》）、《雙鈴記》、《雙釘
記》、《也是齋》、《遺翠花》、《雙搖會》、《紡棉花》、《拾黃金》、《十八扯》、《雙
怕婆》、《瞎子逛燈》等戲一概禁演。」（見民國三十八年三月二十五日《北平
新民報》）

在 1950 年至 1952 年之間，文化部又陸續公布了全國禁演有毒劇目二十
二齣，《殺子報》、《雙釘記》、《雙沙河》、《海慧寺》、《活捉三郎》、《大劈棺》、
《全部小老媽》等戲均列其內。前邊所禁的「五十五齣有毒劇目」也好，「二
十二齣有毒劇目」也好，每齣戲中都有或主或次、或多或少、各式各樣丑角
的表演。此舉實質上掃蕩了無數的丑角戲，使無數丑角失去了舞臺獻藝的機
會。文化部的紅頭文件一發、《人民日報》一登，全國省、市、地、縣的文化
部門積極響應。而且在執行中寧左勿右，一地比一地貫徹得更嚴。在無限上
綱上線的「認真」管理下，全國劇團幾乎到了無劇可演、無戲可唱的地步。
影響所及，凡與所謂的「毒戲」、「反動戲」、「強梁戲」、「淫亂戲」、「色情戲」、
「神鬼戲」、「迷信戲」、「粉戲」、「血粉戲」、「污蔑勞動人民的戲」便一概禁

演。以至一向擁護黨、擁護社會主義的程硯秋先生在「戲劇界戲改座談會」上大發牢騷，稱「戲改局」（既戲劇改進局）為「戲宰局」！在建國之初的戲改運動中，「丑戲」大多在劫難逃，丑角演員大多失業改行。既使有益無害的「玩笑戲」、「逗樂戲」，也都不得不退出歷史舞臺。

十一、「階級鬥爭」語境下的「丑戲」

建國初期，為了鞏固無產階級政權，毛澤東提出了「在無產階級專政下不斷革命」的理論。對人民群眾也要「不斷進行階級教育和思想改造」，對周圍的一切人和事都要進行認真的「階級分析」。以「階級鬥爭為綱」的理論，同樣貫穿於無產階級文藝政策之中，貫穿於《延安文藝座談會講話》的革命精神之中。號召革命群眾要站在無產階級立場上，用無產階級專政的理論，來分析和辨別文藝戰線上的「鮮花與毒草」。是「鮮花」，就要積極扶持，使之發揚光大。是「毒草」，則必須堅決打擊，無情揭露和批判，使其「消亡於萌芽」之中。除了採取禁戲措施，淨化舞臺之外，相繼成立了戲曲改進局、戲曲改進委員會和中國戲曲研究院。這三個機構連手一起進行戲曲改革。周恩來總理簽署的《五五指示》中提出：戲改的核心工作，就是「改戲、改人和改制」。「要以對人民的有利或有害決定戲的取捨！凡是污辱勞動人民的戲，宣傳不健康內容的戲，一定要禁止演出。」原本都是很好的想法，但是一到下邊，就把好經念歪了。如是，大部分「丑角戲」被列入「有害」名單，予以摒棄。

首先被批判的是「綠林戲」和「天霸戲」。用無產階級觀點看來，舊劇中的「綠林好漢」、「草莽英雄」，都是敢於反抗統治階級政權的「革命者」。瓦岡寨中的程咬金、單雄信，水泊梁山上的宋江、魯達、武松、李逵、楊雄、石秀，包括賣人肉包子的孫二娘、殺人越貨的母大蟲顧大嫂，都是被壓迫的貧下中農和無產階級。太平天國的洪秀全、楊秀清、鐵金翅、鐵公雞，義和團中的大師兄、大師姐，都是敢於造反的民族英雄。尤其《連環套》中的竇爾敦、《駱馬湖》中的李佩、《淮安府》中的蔡天化、《八蠟廟》裏的費德功，也都是勇於反抗封建勢力、勇於造反的英雄好漢！這些人怎麼在舞臺上變成了醜類了呢？怎麼能將他們任意醜化，在他們的臉上畫上亂七八糟的顏色和白圈圈，而變成了反面人物了呢？

《戲劇報》引用魯迅的話說：「展昭、黃三太、黃天霸皆是朝廷鷹犬」，官府的爪牙，怎能把他們美化成正面人物呢？！做為一名無產階級文藝工作者

應該歌頌誰？應該美化誰？這是一個階級感情問題，是一個革命的立場問題。經過《人民日報》這麼一「上綱上線」，就這樣，一大批武丑戲就率先被趕下了舞臺。逼得擅演黃天霸的李少春在《新戲曲》雜誌上發表了文章，說自己「經過學習，提高覺悟，以後絕不再演《天霸拜山》一類壞戲。也絕不再演誣衊農民起義的戲了。」一時間，有關黃天霸的系列劇目，以及《雅觀樓》、《祥梅寺》、《珠簾寨》等「顛倒歷史黑白」的「有毒」劇目，統統被封存起來。

同樣，在傳統戲中，社會底層人物，三教九流，散兵遊勇，漁、樵、耕、農、旗、鑼、傘、報、車、船、店、腳、衙，丫環、書童、院子、老媽子也多為丑角充任。如果用馬克思主義的階級分析法來認定，這類人都是受剝削、受壓迫的貧下中農和城市貧民，為什麼要在他（她）們的臉上勾劃白色的豆腐塊兒？為什麼在戲中糟蹋勞動人民哪？這不能不說是演員的立場和感情問題。如此一來，又一批有丑角的戲也被劃入了另冊。在中央文化部下發的《1953年度上演劇碼的通知》中，全國只有194個戲碼能夠公開演出。梅蘭芳的《思凡》、《貴妃醉酒》、《遊園驚夢》尚且不能公演。「程派」戲也只有《文姬歸漢》、《朱痕記》、《竇娥冤》、《審頭刺湯》四齣戲准演。「筱派」、「荀派」和「尚派」的不少拿手戲，則全被掛了起來。據《中國戲曲現代戲史》記載，在1956年和1957年間，全國各地需整改的劇碼還有五萬多齣。

當時，劇團為了生計紛紛想辦法，或將有希望的丑戲進行改寫，使之革命化。劇團將丑角臉上的「白豆腐塊」去掉，改為俊扮，或是將丑角改寫為正面人物，把「顛倒的歷史再顛倒過來」。例如，新編的《拷紅》，就改寫為紅娘造反，奪過老夫人的家法去打老夫人。《打魚殺家》的教師爺被蕭恩說服後馬上反水，與蕭氏父女一起去殺家除霸。將《牛郎織女》改為他二人團結周邊群眾，一起殺上天庭，嚇得王母娘娘望風而逃。如此種種，熱鬧一時。但是觀眾並不買帳，戲票賣不出去，無人去看這種熱鬧。

在當時「政治高於一切」的氛圍之下，藝人的覺悟也空前提高，大凡小生、小旦、小丑的「對兒戲」、「三小戲」、「才子佳人」戲、「傳情輸愛」戲，「偷盜截殺」戲、「粉戲」、「血粉戲」統統退出舞臺。很多專業演員，尤其丑角演員，或是就此「改工」「改行」，要不就回家「歇牙」了。

五十年代，社會上任何一個人都要劃定出身和階級成份。每個人的簡歷表上都有出身和政治面目一欄，都要嚴格填寫，放入檔案。農村好辦些，比較簡單，分為大地主、地主、小地主、上中農、中農、下中農、貧農、雇農等等即

可。而城市人口就比較複雜了。分為資本家、業主、小業主、房產主、高知、教師、職員、工人、幫傭和無業游民等。參加過革命的可填「高幹」、「革幹」、「幹部」。參加過國民黨的,要填清黨、政、警、憲、特、歷反、反屬、臺屬等。唯獨藝人不好分類,大多是按政治需要和個人政治表現靈活處理。例如,梅蘭芳、程硯秋等人雖然家資萬貫,但政府認可他們的資產都是個人「勞動所得」,是黨的「團結對象」,所以劃為「城市貧民」。而新豔秋、雪豔琴等人都嫁給了國民黨反動階級或剝削階級,則內定為「反屬」。葉家的祖上葉春善辦「富連成」科班起家,雖然培養出不少名演員,但他畢竟是個班主,靠剝削藝童起家,所以定為「業主」和「戲把頭」。繼承者葉龍章因在東北軍當過軍閥的供需官,則定為「反動軍官」,被逐出戲曲界。葉盛章、葉盛蘭、葉盛長也都吃了掛落。

更多的藝人就是唱戲、掙錢、吃飯,在他們的腦海中,「無論誰當權,我都是唱戲吃飯」。這些人階級屬性不明,怎麼劃成份呢?那就從他家的固定財產論起。舊社會的藝人出了名,掙錢快。有的愛揮霍,花錢如流水,如金少山等人,死後四壁空空、一片債務。而會過日子的藝人,如筱翠花、侯喜瑞等人,大多廣置房產,想著不唱戲的時候,靠吃租養老,這樣的藝人也大有人在。名丑王福山、葉盛章等人,他們在北京有多處房產,依此為根據,他們均被劃為房產主。因之,這些人在紅氍毹上雖然名聲赫赫,而在臺下卻抬不起頭來。

十二、「丑」的小陽春

五十年代初期,由於政策的左傾造成了文藝蕭條、萬馬齊喑的局面急待改善。黨和國家面臨的迫切任務,是要調動一切積極因素建設社會主義,迅速發展我國的經濟、科學和文化。1956 年 4 月,中央政治局擴大會議在討論毛澤東的《論十大關係》過程中,提出要把政治思想問題同學術性質的、藝術性質的、技術性質的問題區分開來。為了發展文化和科學,4 月 28 日,毛澤東在作會議總結發言時明確提出:「藝術問題上的百花齊放,學術問題上的百家爭鳴,我看應該成為我們的方針。」隨後,在最高國務會議上,毛澤東正式宣布將「百花齊放、百家爭鳴」作為黨發展科學、繁榮文學藝術的方針。

中央宣傳部和文化部迅即跟上,於 1957 年 5 月 17 日面向全國頒發了《文化部關於開放「禁戲」的通知》。明確指出:

> 為了進一步推動藝術事業的繁榮和發展,本部現再決定,除已明全解禁的《烏盆計》、《探陰山》外,以前所有禁演劇目,一律開

放。今後各地對過去曾經禁演過的劇目，或者已經修改後上演，或者照原本演出；或者經過內部試演後上演，或者逕行公開演出，都由各地劇團及藝人參酌當地情況自行掌握。以上希望道知各地藝術事業單位（包括民間職業劇團）。

喜迅傳來，戲劇界一片雀躍，大小劇團紛紛挖掘傳統排演傳統戲，丑戲和丑角亦迎來了一片陽春。張怡和在《最後的貴族》（既《往事並不如煙》）一書中，生動地描繪了「民國四公子」之一張伯駒先生和京劇名丑們在這一節段的表現。她說：

> 文藝政策的新調整，傳到張伯駒耳朵裏，那就變成了強大的驅動器和興奮劑。因為早在五十年代初，他就聯合齊白石、梅蘭芳、程硯秋等近百名藝術家，以父親、羅隆基、張雲川等民主人士為贊助人，上書中央，要求糾正文化領導部門鄙視傳統藝術的傾向，成立京劇、書畫組織，以發揚國粹。現在終於從中共意識形態主管那裏聽到了「終止戲曲改革、維護文化遺產」的口令，張伯駒欣喜若狂。在「發揚國粹、保護遺產」的大旗下，他要挺身而出，率先垂範，他要主動工作，自覺承擔。為了發掘傳統劇目，張伯駒把老藝人組織起來，成立了「老藝人演出委員會」，籌劃每週演出一次。為了研究老戲，他又發起成立了「北京京劇基本藝術研究會。」他聯絡其他專家和藝術家，開辦戲曲講座，舉行義演。

> 張伯駒眼瞅著一些包藏著高招絕技的傳統劇目，因內容落後、思想反動或被查禁、或被淘洗，而憂心如焚。張伯駒目睹一些身懷絕技的老藝人，尤其丑行的老演員不再演出，而憤憤不平。他有個好朋友叫王福山，原是清代名丑元老王長林的長公子，在丑行中承繼父親親傳、文武不擋，一身能耐，無從施展。現在好了，在官方「尊重遺產」的政策精神下，技術含金量高的傳統劇目有了重見天日的機會。張伯駒和王福山等人，要在這個時刻推出骨子老戲《寧武關》和丑角名劇《祥梅寺》。他們說：「這兩齣戲演出來，叫他們看看。」意思是說今天的人沒見過好的技藝，叫新社會的觀眾、包括那些領導文化的行政官員，都來長長見識。

> 這話說起來並沒說錯。《寧武關》裏邊有大段的、使人聞之聲淚俱下的唱腔，有繁重的武功，有唱念做打的妥帖鋪排。不具備相當

技術水準的文武老生，是過不了《寧武關》的。而《祥梅寺》，則是
一出京劇打基礎的丑行戲。其中的唱念、開打、亮相及舞蹈性動作
實在漂亮。但他們沒有想過，這兩齣戲裏的反面角色李自成、黃巢
是何等之人？

在那段時間裏，傳統老戲演得真不少，丑行重上舞臺，演出了《雙背櫈》、
《小上墳》、《打花鼓》等久違舞臺的「玩笑戲」。一時群丑雲集、各顯身手，
北京名丑慈瑞全、慈少全、馬富祿、葉盛章、王福山、乃至蕭長華老先生，也
都紛紛登臺獻藝。就連禁絕多年的《馬思遠》也進行了觀摩演出。《北京日報》、
《戲劇報》的連續報導，給京劇丑行帶來了一片陽春景象。但是好景不長，1957
年 5 月 15 日，毛主席親自寫的一篇反右檄文《事情正在起變化》在《人民日
報》發表了。文章寫道：

現在右派的進攻還沒有達到頂點，他們正在興高采烈。黨內黨
外的右派都不懂辯證法：物極必反。我們還要讓他們猖狂一個時期，
讓他們走到頂點。他們越猖狂，對於我們越有利益。人們說：怕釣
魚，或者說：誘敵深入，聚而殲之。現在大批的魚自己浮到水面上
來了，並不要釣。這種魚不是普通的魚，大概鯊魚吧，具有利牙，
歡喜吃人。

1956 年 9 月 4 日北京戲劇工作者協會成立，在中央公園音樂廳演出了剛剛解禁
的劇目《四郎探母》，集結了李和曾、奚嘯伯、譚富英、馬連良、張君秋、尚小
雲、李多奎、姜妙香等京劇名宿同臺演出，這張難得的照片，見證了那次演出。
照片左起奚嘯伯、蕭長華、張君秋、尚小雲、馬連良、馬富祿、李萬春等。

　　8月30日、31日，戲曲界連續兩天舉行了張伯駒批判會。馬少波等人批判他挖掘整理的《寧武關》、《祥梅寺》，無一不是站在封建王朝的立場上，歪曲偉大的農民起義。舞臺上群丑麕集、群魔亂舞，為復辟舊社會大造輿論準備。就此，張伯駒被劃為右派分子，一大批京劇名宿如奚嘯伯、李萬春、王福山、葉盛長、葉盛章、葉盛蘭等，也都打成「右派」。就連報導演出活動的《北京日報》副刊記者、年輕的曹爾泗也未得幸免，被戴上了右派帽子，押送到南口農場監督勞動。反右運動轟轟烈烈地開展，影響所及，遍布全國。從此，全國不同劇種大批的丑角戲目就再度「封箱」。

十三、「丑戲」的漸亡

　　到了上世紀六十年代初，階級鬥爭的這根弦越繃越緊，「以階級鬥爭為綱，綱舉目張！」「階級鬥爭必須天天講，月月講，年年講！」已成為治國總綱。此時「人分九類，藝分三色」。「地、富、反、壞、右」屬反動分子「黑五類」，其子女屬「可以再教育的子女」。「封、資、修、知」即「封建餘孽、資本家、修正主義分子和資產階級識分子」也歸於「另類」，知識分子淪為「臭老九」，而且「知識越多越反動」。加重對「反動階級」和「反動知識分子」的監督改造，成為革命的重大要務。

　　藝分三色：「最革命的文藝作品」當為「紅色」，「不革命」的，或「不太革命」的則劃為「白專」，或「不與革命同行」的白色。那些與「無產階級背道而馳的、甚至反動的」，則劃為「黑幫、黑線」的黑色。對其必先「連根拔起」，「除惡務盡」！

　　說也奇怪，果然一大批反動的文藝作品，在無產階級「照妖鏡」和「顯微鏡」的聚光燈下，真的被挖了出來。康生發現有人「寫小說反黨」，《劉志丹》就是射向黨中央的一簇「毒箭」。江青發現有人畫畫反黨，李可染把紅色江山畫成「黑山黑水」。陳半丁畫牡丹，題的是「紅花白花一樣香」，完全否定培養「又紅又專」革命接班人的教育方針。還有的「壞人」搞電影，拍什麼《早春二月》，拍什麼《桃花扇》，號召知識分子向東林黨看齊！要「風聲雨聲讀書聲聲聲入耳，國事家事天下事事事關心！」藉以發洩不滿，伺機反黨！曲藝界也不消停，馬三立說相聲《買猴》，用來挖苦黨的領導幹部。還有一個叫鄧拓的專寫《燕山夜話》，要向黨「打悶棍」。廖沫沙則鼓吹《有鬼無害論》，讚美《李慧娘》，「莫謂書生空議論，頭臚擲處血斑斑！」時任《光明日報》社副總編輯

穆欣在《辦光明日報十年自述》一文中寫道：康生曾質問：「為什麼會出現了牛鬼蛇神，出現了《李慧娘》這樣的鬼戲？李慧娘這個鬼是代表了死亡了的階級來報仇的，向誰報仇呢？就是向共產黨報仇！」國家主席劉少奇在 1964 年 1 月 3 日召集中宣部和文藝界三十餘人舉行座談會上說：「我看過《李慧娘》這個戲的劇本，他是寫鬼，要鼓勵今天的人來反對賈似道這樣的人。賈似道是誰呢？就是共產黨。」

京劇的問題就更加嚴重了，田漢寫的《謝瑤環》，在臺上大喊要「退田」、「要平冤獄」，就是要為反黨反社會主義的敵人反攻倒算！更有甚者，反動文人用「弄孔子」的手法來醜化皇帝，把皇帝扮成小丑推上舞臺，任憑戲弄侮辱，那就是上海京劇院在國慶十週年的晚會上，推出來的新編歷史劇《海瑞上疏》。周信芳飾演的「海青天」上疏「直言天下第一事」，說什麼「方今天下，官貪吏橫，賦役繁增，內災外侮，民不聊生，百姓人人痛恨，個個叫罵、他們不滿陛下久矣！俱道嘉靖，嘉靖，家家戶戶，乾乾淨淨！」就是這個海瑞在臺上嘻、笑、怒、罵，把丑角飾演的嘉靖皇帝弄了個狗血噴頭！無獨有偶，北京京劇院的馬連良在民族文化宮也上演了吳晗寫的《海瑞罷官》。如此南北呼應，一塊兒唱起了《海瑞罵皇帝》，自然「是可忍，孰不可忍！」

上海京劇院在國慶十週年的晚會上，推出來的新編歷史劇《海瑞上疏》。周信芳飾海瑞（右），李桐森飾嘉靖皇帝（左）。

毛主席一針見血地指出：「嘉靖皇帝罷了海瑞的官，一九五九年我們罷了彭德懷的官。彭德懷也是海瑞。」（1965 年 12 月 21 日《在杭州同陳伯達、艾思奇、關鋒的談話》）。繼而，中宣部被封為「閻王殿」，文化部被封為「才子佳人部」。二部軍管，進行了全面整肅。領導被批鬥撤職，有的還進了監獄。在革命造反派的喝令之下，全國全面禁演了古裝戲。市、區、縣級及部分省級劇團全部解散。從業人員亦全部下放轉業，去接受工農再教育。擅演丑角的丑行演員更是難逃其禍。「四人幫」要員之一姚文元，在上海《文匯報》發表了《評新編歷史劇《海瑞罷官》》一文，就此點燃了全國開展文化大革命的導火索。江青從幕後走上了前臺，大搞革命現代戲，組抓了一批如《紅燈記》、《智取威虎山》、《沙家浜》、《白毛女》等一系列「革命樣板戲」，使「高、大、全」的英雄人物李玉和、楊子榮、郭建光等，佔領了無產階級戲劇舞臺。

1966 年 1 月，《人民日報》重新發表了毛澤東《寫給延安平劇院的信》：「歷史是人民創造的，但在舊戲舞臺上人民卻成了渣滓，由老爺太太少爺小姐們統治著舞臺，這種歷史的顛倒，現在由你們再顛倒過來，恢復了歷史的面目，從此舊劇開了新生面。」紅衛兵小將和億萬革命群眾奮起回應，高喊：

> 我們工農兵群眾和一切革命的文藝工作者，一定要高高地舉起毛澤東思想的革命的批判旗幟，把帝王將相、才子佳人、老爺太太、少爺小姐以及一切牛鬼蛇神，通通從舞臺上趕下來，一個不剩，半個不留！讓嶄新的社會主義新文化永放光彩，讓偉大的毛澤東思想紅遍全中國，紅遍全世界。（見 1966 年 1 月《人民日報》《喝令帝王將相才子佳人老爺太太少爺小組通通滾開》）

造反派們心領神會地認為，潛伏在革命隊伍中的「國民黨文化特務」寫戲反黨。他們以演戲為掩體，「含沙射影」、「借屍還魂」，用海瑞、謝瑤環、關漢卿、李慧娘等歷史人物，向黨連連發難！對此，無產階級必須給予迎頭痛擊，要「將他們打翻在地，再踏上一萬隻腳，叫他們永世不得翻身！」如是，所有的舊戲、老戲、傳統戲，一概「葬身於革命的汪洋大海」之中了。一大批京劇表演藝術家，周信芳、馬連良、尚小雲、荀慧生、李萬春、筱翠花、侯喜瑞、奚嘯伯、言慧珠、童芷苓、金素雯……，通通被揪了出來，鬥倒鬥臭，「打翻在地！再踏上一支腳！」曾在舞臺上飾演海瑞而享譽南北的京劇大師馬連良、周信芳，均以「反動藝術權威」的罪名，首當其衝地被揪鬥、被打罵、被批判、被抄家，最終慘然棄世。

　　許多著名的丑角演員也是在劫難逃。一代名丑蕭長華先生在文革中,以九十高齡的殘病之軀接受批鬥後,抱病辭世。武丑宗師葉盛章以房產主的罪名揪出批鬥抄家,被誣私藏槍支。結果被毆打致死,棄屍二閘的護城河內。

　　在文革運動的「十年浩劫」中,無數平頭百姓因對運動不滿、發發牢騷,私下裏調侃,說出一些昔日丑角在臺上常念叨的戲詞,而成為革命的「殉道」者,遭到「滅頂之災」的也無計其數。例如:《烏盆計》中張別古說的:「漫道東風常向北,北風也有轉南時」,那就是夢想變天!《蘇三起解》崇公道說的:「你說你公道,我說我公道,公道不公道,只有天知道」,還有「洪洞縣內無有好人?!」這就是對文化大革命運動的不滿!《殺子報》中老塾師說的:「不是不報,時候未到;時候一到,一切全報」,就是幻想國民黨重回大陸,「反攻倒算!」。《打龍袍》中郭槐說的:「真是滿朝的奸黨啊!」這就是「咒罵中央」!運動中,這些丑角在戲臺上常說的戲文,都成了詛咒革命,妄想變天的反黨言論。一旦被人檢舉揭發,便會被打成現行反革命,而墜入無底的深淵。

　　筆者在工廠勞動時,有一位老師傅名叫王寶樹,就因為看不慣每天上下班,還有吃午飯的時候,要向領袖像立正鞠躬,「進行早請示、晚彙報」,私下裏說了句「晨昏三扣首,早晚兩柱香」,那是《春秋配》中彩旦說的一句臺詞。被人揭發後揪了出來,打成了現行反革命,鬥得死去活來。

文革結束後根據侯寶林的相聲改編的諷刺劇《關公戰秦瓊》劇照。左為三國時代的關公,右為唐朝的秦瓊。

就連相聲大王、「中國第一名丑」之稱的侯寶林被中央廣播說唱團的革命群眾批鬥時，最重要的一大罪狀，就是他創作的名段《關公戰秦瓊》。造反派怒衝衝地質問他：「為什麼在中南海為中央首長演出中要說這一段？你還故意指著臺下的人說：「叫你打來你就打，你要不打——，他不管飯！」這不就是明目張膽地反對中央的文藝政策！反對毛主席嘛？！」嚇得侯寶林連忙跪在地上，忙不迭地自己戴上自己糊的高帽子，舉起雙手繳械投降。

文革中的丑戲和丑角雖被滌蕩殆盡，但丑戲和丑角的陰魂不散，竟然被革命群眾轉移到大字報和各種紅衛兵小報上去了。在揪鬥「黑線、黑幫」的高潮中，全國到處都貼了一張由首都大專院校紅衛兵革命造反司令部主辦的小報《東方紅》繪製的《百丑圖》，幾乎把劉少奇一派的中央領導以戲劇小丑的模樣盡畫其中，還用傳統戲中古代官員出巡的形式排成「S」形，一起向資本主義道路前進。影響之大，轟動全國。換而言之，這也是戲劇丑行的一次極其變態的亮相。

十四、樣板戲中的「丑」

在江青的親自組抓下，文化大革命中誕生了八個樣板戲，標誌著無產階級文化戰線上的偉大勝利。它們是《紅燈記》、《智取威虎山》、《奇襲白虎團》、《沙家浜》、《海港》等五出京劇；另外是《紅色娘子軍》、《白毛女》兩部芭蕾舞劇和一部交響音樂《沙家浜》。其後出現的《杜鵑山》、《龍江頌》、《紅色娘子軍》、《平原作戰》、《磐石灣》、《紅雲崗》等，統稱為「革命現代京劇」。十年間，電臺、電視臺無時無刻從不間歇地播放，在社會上產生了非常強烈廣泛的影響。真正應了「十年磨一戲」的古諺。

革命現代京劇樣板戲在所有正面人物是有四個等級定位；既一等定位是正面人物，二等定位英雄人物，三等定位主要英雄人物，四等定位為反面人物。所謂反面人物，也就是「階級敵人」類的「醜惡的人物」。如果依舊日行當之分，這類角色也就歸入丑行了。革命現代京劇樣板戲具體定論的主體思想和突出範圍都有著明確的規定。

一，每戲題材必以階級鬥爭、路線鬥爭為主線，人物以其階級歸屬、政治態度分為「正面人物和反面人物」。無論哪一齣戲，必以「正面人物」取勝，「反面人物」失敗為結局。

二，「正面人物」裏又分出「一般正面人物」、「英雄人物」和「主要英雄

人物」三個等次，這個「主要英雄人物」是戲的中心，他（她）必須是「出身本質好，對黨感情深，路線覺悟高，鬥爭策略強，群眾基礎厚」，智勇兼備、品質全優，連相貌也得英俊魁梧。光彩奪人……他（她）從成為「無產階級戰士」之日起，在人生旅途中，無私心、無畏懼、無困惑、無迷惘，性格內全無矛盾衝突，起點多高，終點也多高，完美的性格，無需發展變化。「改造主觀世界」的任務，早已完成，在這裡只是行使「改造客觀世界」的使命。

而「反面人物」的譜式也很清楚：反動、自私、虛偽、殘暴、卑鄙……集人性缺點之大成……，若說「長處」，就有那麼半點不堪一擊的反動伎倆而已，扮演反面人物的要十分「知趣」，自覺自願地往舞臺邊兒靠，黑燈影裏鑽，決不「亂說亂動」。要動，也是讓英雄人物「牽了鼻子滿臺轉」，只敗不勝，直至滅亡。

文化大革命期間發行的革命現代戲宣傳畫。

李玉和、楊子榮、嚴偉才、郭建光、方海珍、柯湘、江水英等，都是定位一等的英雄人物。而王連舉、小爐匠、刁德一、溫其九、黃國中等人，不是漢奸走狗，就是叛徒內奸和新社會的階級敵人。自是由丑角飾演，在舞臺除了扮相醜陋、行動猥瑣，語言狡詐、唱念怪異之外，傳統舊劇中的「白豆腐塊」則已悉數消失了。江青說：「革命現代戲中的人物角色是沒有行當分類的。」這也就是說，傳統京劇中的丑行已被全部剷除乾淨。

十五、「丑」的恢復與掙扎

　　文革結束之後，百廢待興，在「京劇振興」的鼓舞聲中，不少優秀的傳統劇目陸續重現舞臺，一些以丑角為主的「三小戲」、「玩笑戲」以及「武打戲」也被小心翼翼地搬弄出來。但經過十多年的擱置，畢竟受傷太深，加之身懷絕技的老藝人紛紛故去，能夠恢復的「丑角戲」已百無一存了。筆者曾參與過的《中央電視臺首屆中青年京劇演員電視大獎》中，丑角專場也只有《下山》、《小上墳》、《盜甲》、《三岔口》、《春草闖堂》、《抬花轎》等了了幾齣。評委名丑孫正陽曾感慨地說，「有戲以來，宋百千元，齣齣有丑。經過十年浩劫，斯丑已去，難以恢復，實在令人扼腕也。」如今，對於有丑角的戲碼，即使一些老劇本尚有文字可尋，但是，那些不同類型丑角的表演、化裝、唱、念、做、打和扮相，都是什麼樣子，大多被老藝人們帶上了天堂，再無覓處了。

　　電視臺的記者曾問及蕭長華老先生的高足鈕驃：「您說丑角是京劇中的重要元素。但為什麼剛才您又提到，如今京劇的丑角對觀眾來說已經變得比較陌生了呢？」鈕驃則回答說：

　　　　近三四十年來，京劇丑行藝術的發展是不夠的。所以我覺得當下的丑行，可以說是京劇行當中的一個「弱勢群體」。比如，過去很多以丑角為主的戲，漸漸地就不演了。因為這些戲不像其他有些劇目那樣，會包含一些政治、軍事鬥爭方面的內容，而主要是表現一些市井、民間的內容。所以這些戲也就沒有被給予相當的重視。特別是在過去的計劃經濟時期，一個劇團演什麼戲，不是演員能夠決定的，而是由劇團的領導來安排的。而很多領導，可能對於丑行和丑角戲並非十分瞭解，不清楚他們在京劇中所起的作用。甚至可能會有一些「丑角就是反面角色」這樣的誤解。於是對丑角戲，乃至一些戲裏丑角的安排，都變得越來越少了。而丑行演員是最需要靠舞臺實踐來提高自身能力的，沒有足夠的登臺機會，他們在藝術上的提高自然也就變得緩慢了。節目少了，好演員也少了，所以過去的「無丑不成戲」就變成了現在的「丑角難演戲」。觀眾自然覺得陌生了。

　　儘管許多編劇、演員進行了多方努力，力促丑角的藝術的舞臺回歸，在振興京劇的倡導下，出現了一些精緻的丑角戲，如《徐九經陞官記》、《唐知縣審誥命》等等，但大多語帶諷喻、譏諷時事，說什麼「當官不與民做主，不如回

家賣白薯」，唱什麼「眼睜睜不該陞官的總陞官，該陞官的只有夢裏跳加官，原以為，此番陞官我能做個管官的官，又誰知我這大官頭上還壓著官……」。這些戲中的詼諧，雖然取悅百姓於一時，但骨子裏還是得罪著不少「管官的官」。所以，這類醜角戲不久也就淡淡地消失了。更何況在整個戲劇已現頹勢，難以力挽的情況下，丑角戲無論如何努力，也只得「無可奈何花落去」了。請看中央臺的歷屆戲曲節目，已把京劇改造成什麼樣子！除了花臉「對唁」，青衣」合唱，哪裏還有丑角的立足之地！

第二章 《百丑圖》圖鑒

一、《百丑圖》的鉤沉

　　世間萬物各有靈性。大凡有益的、有價值的事物，儘管遭受過風刀霜劍、血火洗磨，看似消亡、沈寂化鶴。但終有鴻爪雪泥、遺愛人間。筆者從兒時便收藏香煙畫片，其中，竟然有《百丑圖》和《續百丑圖》兩套，繪有一百多出丑角戲和二百個丑角扮相的人物畫像。更難得的是，這圖畫的背面還詳細地注明了每個丑角演的是什麼戲？扮演的是什麼人物？姓什麼？叫什麼？身上穿什麼？頭上戴什麼？手上拿什麼？腳下穿什麼？都寫得一清二楚。是一卷十分珍貴的戲劇史料。

煙畫《百丑圖》正面。

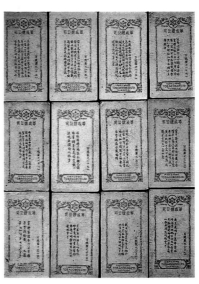

煙畫《百丑圖》背面。

　　筆者少時無知，收藏《百醜圖》只覺得好看，好玩，並不知道它的文化內涵，更不知道它在眾多戲劇史料中應有的份量。人入暮年，能靜下心來研究學問的時候，方知道「圖可述史」。這些小畫片於方寸之間，記錄著多少被人淡忘了的故事。

　　上世紀三十年代，上海方面的「成事的」（京劇演出的組織者即經歷科）突發奇想，邀集了南北名醜雲聚一堂，轟轟烈烈的搞起了歷時一月的「醜角大會」。他們將許多從來不演、壓在箱子底的戲碼都翻將出來，如《一匹布》、《醜別窰》、《賣餑餑》、《教歌》、《頂燈》等小醜戲、玩笑戲，一一搬上臺來，使得滬上觀眾大快朵頤，捧腹竟月。

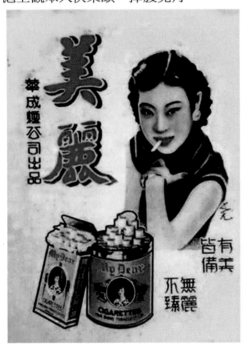

華成煙草公司出品的「美麗」牌香煙廣告和附贈在煙包之內的《百醜圖》煙畫。

　　華成煙草公司老闆戴耕莘本身就是一個京劇迷，每日沉浸在戲院當中。他突生靈感，抓住這一噱頭，請來懂戲的畫師和伶界中的內行，繪製、精印、出版發行了這組煙畫《百醜圖》，隨該公司著名的「美麗」牌香煙向消費者贈送。「美」、「醜」相佐的創意，相得益彰，人們吸著「美麗」香煙，玩味著手中醜角的煙畫，造成了很大的轟動，給公司贏得了可觀的利潤。一戰成功，華成襯熱打鐵，又發行了一套《續百醜圖》。兩組畫片加在一起，共計

二百個丑角人物。梅蘭芳先生和諸多文化人對此舉十分欣賞，紛紛為其題字、著文，予以贊襄。在照相術尚不發達的時期，這部《百丑圖》為諸多舞臺上的丑角造像存案，也為今專業演員和戲劇研究者留下了一部「京劇丑行的百科全書」。

梅蘭芳先生和名伶趙如泉為《百丑圖》的題字。

這套煙畫傳到了北方，天津、北京也相繼舉行了「丑角大會」。翁偶虹先生在《翁偶虹看戲六十年》一書中「詳述了這件事。他說：

是夕丑戲五齣，開場是《打麵缸》，由賈多才飾大老爺，賈松齡飾王書吏，張永泉飾四老爺，王盛意飾周臘梅，孟慶會飾張才。賈多才以彩旦、婆子戲著稱一時，演男性丑角亦別具一格。

第二是《一匹布》（即《張古董借妻》），由曹二庚飾張古董，慈瑞泉前飾驢夫，後飾沈知縣，慈少泉前飾酸丁蠻子，後飾孩氣老吏，何佩華飾沈賽花，張奎斌飾李天龍，孫慶鬘飾王老戶。曹、慈二公，均為名丑，曹以冷雋勝，慈以熾熱長。張古董上場之大段〔數板〕，曹以醇厚之嗓音，在往復踱步中清晰念來，規圓矩方。周旋於全劇之人物群中，趣自劇生，不沽廉彩。……

第三為《絨花記》，由馬富祿飾崔八，劉玉太飾崔華，朱桂華飾

大小姐,任志秋飾二小姐。富祿嗓音響堂,加以「槽頭拴」之滑稽舞蹈,幼功堅實,火候適度,名下無虛。……

第四為失傳多年之《跑驢子》,葉盛章飾有賈世珍飾張麗蓉,李世潤飾李玉郎,董盛春飾司書。此劇為崑曲《霞箋記》中之一折,在全部愛情故事中,小湧波瀾,點綴諧趣。盛章在此折衷,掛白髯,穿藍布箭衣,套綠色龜錦坎肩,戴紅纓小緯帽,諧趣不濃,技在一跑,示武功耳。

大軸是蕭長華主演之《蕩湖船》,唱蘇灘,念蘇白,唱中夾念,念而有節,刻畫小商人之市儈氣兼流氓氣,全憑唱、念、做、表之繪影繪色,湧機趣於真工夫中,入化傳神。飾船娘者為於連仙,親受業於蕭老,默契自深。這段戲雖屬墊場,而幽默耐看,深得丑戲之諦,噱趣連環,滑稽跌宕,叫觀眾笑個痛快。

可惜,北京的這次《丑角大會》只演了兩場。著名的戲劇表演藝術家、教育家蕭長華先生曾在一次授課時,特別提起了這套煙畫。他說:

丑行的許多劇目,如今大多失傳,也無人能演,戲裏的扮相也就更無人知曉了。當年,我在上海陪梅先生演出的時候,聽芙蓉草說,市面上流行的一套毛片《百丑圖》,玩意兒挺地道。我就託人弄將地費了很多周折弄來一套,共有二百來張,我記得有百十多出戲嘛。雖說這些毛片兒是孩子們的玩意,可畫得很講究,是內行的手筆。戲中丑角們的穿戴、扮相,作派、精神頭兒,以致手中使的傢伙,都摘不出毛兒來。我一直保留著,李洪春要用一個琥珀煙壺跟我換,我都沒撒手。我要它,不是光為了說古。它是件容妝科難得的教本兒。

筆者便以這兩套煙畫為據,對丑角戲及各色丑角的扮相逐一細考,遂成此書。今在花木蘭文化出版社的鼎力支持下,擬將兩套《百丑圖》全部放大刊登出來。除了有助戲劇愛好者茶餘飯後的談資之外,也為戲劇研究者提供些珍貴的圖文資料,使那些已經淡出舞臺的丑戲、丑角再現風姿。

二、《百丑圖》圖鑒

1.《打城隍》之假判官、假小鬼、假城隍

說戲:該劇源於陝西秦腔,清末移植為京劇的開鑼戲,用來活躍劇場氣

氛。故事原為《孟姜女》中一折。寫秦代百姓雷不殛等三人，為逃避徭役，躲入城隍廟中。官差進廟搜尋，三人假扮城隍、小鬼等泥胎塑像，希圖隱匿。最終被官差識破，一起拿獲。該劇原是諷刺秦始皇的虐政，貪官搜刮民財，入地三尺，使得平民百姓無法生活。但是此戲在初創時，只有提綱而無準詞。任憑演員即興發揮，現場抓哏。以至逐漸改變了主題，成了一齣丑角插科打諢的玩笑戲。

《打城隍》之假判官。戴判官盔，戴紅緊髯口，穿紅官衣、玉帶。一手拿帳薄，一手持筆。此戲在外江或可常演，上海久未見有人串演此劇。

《打城隍》之假小鬼。戴小蓬頭，穿虎皮砍，藍布箭衣，一手拿領魂牌，一手拿小錘。此戲非有三個小花臉約有實授者而不欲事演。所以而今久不演唱了。

《打城隍》之假城隍。戴小蓬頭，穿虎皮砍，藍布箭衣，一手拿領魂牌，一手拿小錘。此戲非有三個小花臉約有實授者而不欲事演。所以而今久不演唱了。

2.《定計化緣》之和尚、老道

說戲：這齣戲是明代劇作家鄭之珍著傳奇《目連僧救母勸善戲文》中的一折，亦稱《目連救母》，其中包括《定計化緣》、《五鬼捉劉氏》、《遊六殿》等劇目。《定計化緣》講的是張有年，段義仁二人不務正業，窮途末路。聽說目連僧救母行孝，二人就化裝成一僧一道，向目蓮討錢募化，並且以假錢來換取冥鈔。清末，名丑羅壽山擅演此劇。目前，中國戲劇研究院保存有慈少泉演出此劇的錄音。

《定計化緣》之和尚。戴僧帽，穿
僧衣僧鞋，拿鐃鈸。此種角是二
路小花面配演，算是配角。

《定計化緣》之老道。頭帶透巾，
身穿道袍，口戴白四喜，手拿籤
籮，內拴娃娃，此乃化緣之身段。

3.《嫦娥奔月》之兔兒爺

說戲：《嫦娥奔月》是齊如山、李釋戡先生根據《淮南子》和《搜神記》之傳說，為梅蘭芳編演的一齣古裝戲。故事講述遠古時天上有十個太陽，烤得老百姓無法生活。天帝派后羿用神弓射下九個太陽，立下蓋世神功。王母娘娘為了表彰他，賜他長生不老之藥。后羿的妻子嫦娥私下裏偷吃了靈藥，飛到月宮中去了。不過月宮雖好，但是清冷孤寂，嫦娥也只好過著孤獨寂寞的生活。

劇中扮兔兒爺的是名丑李敬山，扮兔兒奶奶是曹二庚。梅蘭芳《舞臺生活四十年》載，兔兒爺勾金臉，豎眼睛，三片嘴，外加兩隻長耳朵。身穿黃靠，後背著大纛旗，與此圖稍有出入。

《嫦娥奔月》之兔兒爺。兔兒爺扮相無
一定規矩，有紮靠的、有穿箭衣的。或
戴倒纓盔，或帥盔。手拿小錘，勾白臉、
紅嘴紅眼。

4.《背凳》之小板凳、大板凳

說戲:《背凳》這齣戲,全看演員表演,屬鬧劇的一種。故事講一個名叫不掌舵的男人,平素最怕老婆。有一次,他在廟會上遇到一個算卦的,教給他三綱五常,可以不再怕老婆。他老婆知道以後就逼他去要回算卦的錢。途中碰到了也怕老婆的好朋友尤二,二人互相攻擊懼內。不掌舵揚言不懼,與尤二打賭。回家之後,與老婆定計,叫老婆在尤二來家的時候,假裝懼怕。不想尤二一看要輸,就跑了。不掌舵的老婆向不掌舵要錢,不掌舵沒有,老婆一怒,罰他背凳。尤二回家之後,亦受到他老婆的同樣的懲處。

《背凳》之小板凳。穿茶衣,打腰包鞋子,頭頂一小板凳,與大板凳對舞,令人見之大笑。可惜此戲久以不見了。

《背凳》之大板凳。此劇表演男人怕老婆的神情可謂盡矣。戴荷葉巾,丑三髯口,穿藍布箭衣,繫大帶,身後背一長凳。

5.《馬上緣》之程金錠、跟班的

說戲：故事演唐朝薛丁山學藝有成，下山後與他的父親一起統兵西征。一日殺到樊江關下，守將樊洪有女名叫樊梨花，亦有一身好武藝。她與薛丁山會陣時，見薛丁山氣宇英偉，心生愛慕。便假意敗陣，引得薛丁山追至幽僻處，直告其故。薛丁山已有妻室，不能允婚。樊梨花就用陣法將薛丁山困於危難。丁山為了自救，才應允了婚事。又經程咬金從中周旋，終於成就了二人的婚姻。

後邊還穿插一場程咬金的女兒程金枝持錘上陣的戲。程金枝係彩旦應工。跟班的，由丑角飾演。戲雖不多，但很討俏。

《馬上緣》之程金枝。戴鳳冠，雲肩，穿紅蟒裙，拿一對大錘。出臺時，用錘遮住面孔，蓮步蹣跚，實堪發噱。

《馬上緣》之跟班的。當年路三寶常串此戲，是角用克壽山或趙仙舫配演。戴大葉巾，穿綠素箭衣、鸞帶、朝方靴，拿小斧子。

6.《御果園》之建成、元吉

說戲：唐王李世民進兵洛陽，捉拿王世充。時逢端午節，雙方息兵一日。李世民與徐茂公到御果園遊玩，被單雄信在洛陽城頭望見，就率兵出城欲擒李世民。徐茂公情急求救，恰遇尉遲恭在澗內洗馬，聞報以後，當即策馬救出李世民。李世民奏知高祖，論功行賞。殷王李建成與齊王李元吉嫉妒讒之，稱之為冒功虛構。秦王便奏請試演一番，李世民與徐茂公再度遊園，李建成與李元吉傳命王雲，假扮單雄信追殺李世民。正在危急之時，尉遲恭再次趕至，將王雲打死。並將李建成、李元吉擊斃鞭下。李建成、李元吉都由丑角飾演，這也是應了「勝者王侯敗者賊」的成例。

《御果園》之建成。戴帝王巾，穿黃帔，朝方靴子，拿扇子，帶黑一字髯。

《御果園》之元吉。戴太子冠、孩兒髮、穿花褶子、朝方靴與建成打扮大不同。

7.《四郎探母》之丫環、小番、國舅

　　說戲：遼宋戰爭中，楊延輝（四郎）被俘，招為駙馬。十五年後，他得知六郎與母親佘太君率領大軍至雁門關下，與遼軍對壘。四郎思母心切，求助於公主相助。鐵鏡公主設計巧取令箭，助夫過關探母。蕭太后得知後勃然大怒，欲將楊四郎斬首，經鐵鏡公主苦苦求情，才將四郎赦免，命其鎮守邊關，戴罪立功。劇中的丑角有大國舅、二國舅，須由大丑和二路丑角飾演。圖中的丫環和小番則由底包龍套配演即可。依早年間的處理，「坐宮」一場隨公主出場抱「喜神」的丫環也算一個角色。之所以男人丑扮，是為了襯托鐵鏡公主的俊美。小番，因帶馬、過關，有身段，還有個小圓場，要走得漂亮，小番也要用正丑飾演。

《四郎探母》之丫環。此角用小花面扮演，梳辮子，歪抓髻，擦怪粉。穿女花襖、褲子，繫汗巾。道白純粹用京活，方討巧。

《四郎探母》之小番。《四郎探母》之小番頭戴風帽，項圍狐尾，身穿馬褂，素彩褲、快靴。此圖是帶馬之身段。

《四郎探母》之國舅。戴大帽、紅頂花翎，內袍外套、朝方，口帶八字吊搭，此是回令時金殿之身段。

8.《鐵蓮花》之寶柱

說戲：故事講：宋朝人劉子忠老而無子，髮妻早故。抱養了胞侄劉定生為嗣，愛如己出。後來續娶了馬氏為妻，馬氏過門時，帶來了一個親生的兒子名叫寶柱。馬氏與寶柱為人愚蠢悍毒，視定生如眼中釘，總想鋤之，以得全份家產。一日劉子忠外出，馬氏母子設計虐待定生。其時天降大雪，馬氏命定生赤身掃雪。被劉子忠看見，怒極責問馬氏，並命馬氏為定生做飯。馬氏在廚房將碗燒紅，遞與定生。定生被燙，失手將碗摔碎。馬氏隨即挑唆，定生怕受責罰，從後門逃走。劉子忠追出，尋得定生。見他雙手燙爛，心甚悲痛。遂攜定生還家，要與馬氏決裂。馬氏又與寶柱設下毒計，用鐵蓮花將劉子忠害死，嫁禍劉定生。包拯審理此案，用計戥明口供，使得真相大白，馬氏被判死刑。寶柱向由丑角飾演，其年紀不大，半傻不呆，但骨子裏陰狠毒辣。須名丑飾演。

《鐵蓮花》之寶柱。戴白氈帽頭，只穿彩
褲、胖襖、小辮下垂，彩褲上有背帶，而且
臉譜也不同。請看傻小子圖中便知分別。

9.《陽平關》之送死將

說戲：《陽平關》的故事取材於《三國演義》，講老將黃忠刀劈夏侯淵以後，曹操聞訊大驚。親率數十萬大軍來到陽平關報仇。諸葛亮在調兵遣將時，欲派大將截斷曹軍糧道，黃忠持強討令。趙雲深恐其鞍馬勞乏，不能勝任，就打算替他一行。黃忠不服老，爭得令箭，孤軍前往。戰鬥中一舉燒盡曹軍糧，但終因曹軍人馬眾多，黃忠寡不敵眾，被包圍在萬馬軍中。幸得趙雲來得及時，助戰解圍，與黃忠一起殺退了曹軍。劇中曹營的送死將，造型如同《甘露寺》中的賈化，上得場來還未及開口，就被黃忠一刀劈於馬下，所以也沒個名姓。

《陽平關》之送死將。此角無一定扮像，
或戴獅子盔、蓁椒帽，有穿靠的或箭衣，
背排子、繫大帶。拿槍，丑三髯口，方
靴，背靠旗。

10.《珍珠塔》之姑母

說戲：此劇根據彈詞《珍珠塔傳奇》改篇。故事講：河南方家世代為官，因被同僚彈劾，滿門查封，眷屬被流放異鄉。後來，方卿從千里之外投奔襄陽，向姑母方朵花告借求助。而姑母見方家破落，冷言嘲諷，方卿憤而離去。表姐翠娥賢淑善良，把傳家之寶珍珠塔贈與方卿。姑爹陳培德深明大義，追至九松亭，多方慰籍，並將女兒許配方卿。不想在黃州道上，方卿遇見強盜，把珠塔劫去。三年後，方卿得中狀元，官封七省巡按。喬裝改扮，重到襄陽，唱著道情去試探姑母。姑母執迷不悟，自食其言，最後，羞愧地頭頂香盤跪接方卿，姑侄冰釋前嫌。姑母方朵花是全劇的戲膽，內行稱這類角色為「老坐子」。

《珍珠塔》之姑母。此角用頭等小花臉扮演，見方卿時，表演一種嫌貧愛富的神氣，令人可惡。其扮像是官太太模樣，穿褂子，大紅裙子，戴朝珠補子。

11.《荷珠配》之員外、鴇鶉

說戲：《荷珠配》出自明代《珠袗記》傳奇，故事講：員外劉志偕早年喪妻，身旁只有一女名叫金鳳，已與書生趙旭訂婚。恰逢開科取士，趙旭欲赴京趕考，劉金鳳約其花園敘別，臨行以銀兩相贈。事為劉員外發現，怒責女兒不守閨訓。劉金鳳羞愧難容，跳入園中溝渠自盡，侍女荷珠也被劉員外趕出門外。後來，劉家遭受火災，被燒成一片瓦礫。劉志偕與僕人趙旺逃出，寄居寺廟之中，飢寒交迫，幾無生計。趙旺出外行乞，得知趙旭得中狀元，丫環荷珠已冒名金鳳嫁與趙旭為妻，成了誥命夫人。趙旺告知劉員外，並請員外前往認親。真金鳳投渠本死，遇救後也來尋找趙旭。金鳳見荷珠已入金屋，便責備荷珠。趙旺代荷珠求情，且與金鳳和好，遂娶二女為妻。

《荷珠配》之員外。戴員外巾，白滿，穿藍帔，靴子，手拿大槓子，臉上勾橫直白道。如圖，此種扮像不常見。

《荷珠配》之鴇鶉。此角名鴇鶉者，安人也。穿藍帔裙子，大紅襪子鞋，拿羽扇，擦一臉怪粉、戴花白鬢口作為頭髮，見之令人發笑。

12.《湘江會》之齊王

說戲：出於鼓詞《英烈春秋》，講的是，春秋時魏王採用了大將吳起的計策，在湘江設宴，詐騙齊宣王過江赴會，想借機誅而殺之。宣王的娘娘鍾離春，是個相貌醜陋的女人。但是她武藝高強，無人能比。此時親自出馬，護駕赴會。酒席筵間，無鹽與吳起比箭，一箭射死魏王，並擊敗了四周埋伏的兵將，保護齊王脫險。此劇為刀馬旦的應工戲，無鹽有俊扮，丑扮兩種。丑扮則是在顏面上勾畫花臉，額頭上常繪綠牡丹一朵齊王為袍帶丑應工，當年由「童伶第一丑星」馬富祿飾演。這一角色雖是丑扮，終屬一代君王，故而做派，腳步，舉手投足，均須大器莊重，要有一定的份量。

《湘江會》之齊王。戴草王盔，無翎子，白五撮兒髯口，勾老臉。穿黃蟒，玉帶，朝方靴。此角雖是小花臉串演，要莊整才對。

13.《黃金臺》之門官

說戲：此戲出自《東周列國志》，講述戰國時期，齊愍王寵鄒妃，太監伊立專權。緡王終日沉於酒色，不理朝政。鄒妃與伊立共謀，欲害太子田法章。用計誣衊太子調戲皇妃。齊王聞知大怒，命令伊立搜查宮，斬殺田法章。田法章乘夜逃出宮去。正好遇到田單巡街，將太子藏於田府。伊立搜捕太子不得，率兵尋至田府。田單聞信，急將太子改為女子妝扮，偽稱其妹。待伊立搜府時，被巧妙地混將過去。伊立去後，田單與太子扮作兄妹出城進香。關吏再三盤查不放，田單施以重賄，遂得逃脫。盤關時的門官刁鑽刻薄，貪財勢利，要把這一角色形容盡致，亦非良丑不能擔當。

《黃金臺》之門官。戴元紗白四喜兒，穿青宮衣、朝方（靴）。此角是二路小花臉扮演。

14.《醉打山門》之酒保

說戲：《醉打山門》又名《山亭》，故事《水滸傳》。描寫梁山英雄魯達，原為陝西渭州經略府提轄，平日仗義執言，好打不平，一怒之下，拳頭打死惡霸鎮關西。被官府通緝追捕，於是潛往五臺山，削髮為僧，改名魯智深。魯智深素性食肉嗜酒，時常破戒。一日在山下練拳，碰到酒保擔酒上山。他上前沽酒，酒保再三說明智真長老有約束在先，不得賣酒與他。智深不聽，武力奪搶，把兩桶酒瞬間飲下，酩酊大醉。在山門之前舞動拳腳，盡顯雄威。劇中的酒保，雖然是一個小人物，但在拒絕賣酒、講述長老法規時的口白，及魯智深奪搶、酗酒時的一系列身段和高低亮相，都能顯出丑角的功力。

《醉打山門》之酒保。戴氈帽，穿茶衣，打腰包。肩擔水桶。此角身段很多，非有實授不能演唱。

15.《浣花溪》之史獻城

說戲：《浣花溪》故事發生在唐永泰元年，四川節度使崔寧任時，宣撫使楊子琳有意奪取成都。訂下計策，讓部將史獻成獻上美女任蓉卿的。崔寧見任蓉卿的美貌，身不由己中計，收蓉卿作為愛妾。崔寧妻魚氏是宦官魚朝恩的女兒，性情嬌縱悍毒，又嫉妒成性。一見蓉卿便勃然大怒，將她打入丫鬟隊中充當僕婢。一日，魚氏與崔寧一同到城外浣花溪遊玩，楊子琳在都中造反，奪取了城池。崔寧和魚氏驚惶失措，任蓉卿自告奮勇，聯合了他的父親任元，一起率兵攻破城池，平定了叛亂。待崔寧夫婦入城之後，魚氏故技重演，繼續凌辱蓉卿，引起了部下的眾憤，舉行了兵諫。迫使魚氏將正室之位讓給了任蓉卿。

《浣花溪》之史獻城。戴獅子盔，黑八字髯口，拿槍，穿綠箭衣，子褡、鸞帶，期方靴。其名史獻城很有趣味。

16.《黑風帕》之高來

說戲：故事出自民間故事《楊家將》。謂大宋年間，忠勇善戰的楊氏父子被姦臣潘仁美所害。部將高憤恨權臣驕縱，輕棄妻子，獨自一人出關隱遁。數年後，天堂六國叛變了宋室，佘太君掛帥率兵征剿。太派遣楊八姐女扮男裝，搬請高旺回國助戰。高旺應允，行至牧虎關，守關的人不許他過關，並被黑風帕困住。但被高旺所破，且以遊詞戲弄媳婦。當高旺殺抵關下，見城上站著一白髮老嫗直呼己名。上前詢問，才知道是自己的老妻。最後，高旺妻迎高旺和八姐入關。老夫老妻多年闊別，悲喜交集。高來是高旺的家人。性情詼諧滑稽，很有正義感，他與楊八姐的對話，以及與高旺的調侃中，儘管言微身輕，盡顯聰明才智。須由大丑飾演。

《黑風帕》之高來。完全書童打扮，戴青羅帽，穿青褶子，繫大帶。此圖是「丫頭放屁賴我哭」的神氣。

17.《連環套》之更夫

說戲： 清季，綠林好漢竇爾敦與黃三太比武，被黃三太飛鏢打傷，二人結下仇恨。竇爾敦在連環套落草稱王。一日，得知太尉梁九公奉旨行圍射獵，騎有一匹御賜良駿。竇爾敦便輕裝簡行，深夜潛入清營，盜出御馬回山。臨行留下書信一封，叫黃三太出面認錯。其時，黃三太早已亡故，其子黃天霸襲職，奉旨緝拿盜馬之人。天霸喬裝成鏢客，以拜山之名，登上連環套，面見竇爾敦。探知了御馬下落，故意用話激怒竇下山比武。朱光祖出面相助，夜入連環套，趁竇酒醉，盜取了他的虎頭雙鉤，迫使竇爾敦不戰認輸。最終獻出御馬，俯首就擒。戲中的兩個更夫，一人提燈、一人打更。可由二、三路丑角飾演。

《連環套》之更夫。有更夫的戲很多，
其扮相大概相同。均戴氈帽、號坎，藍
布箭衣，拿梆子或拿鑼、單刀。

18.《殷家堡》之郝似玉

　　說戲：京劇《八大拿》中的一齣。講郝士洪之女郝似（素）玉行刺施世倫，未遂被擒。殷家堡寨主殷洪廣邀江湖好漢褚彪、李五等前來相助，一起搭救親翁郝士洪父女。李五心向朝廷，暗送書信於施世倫，並與朱光祖一起，代替關泰與褚彪之女蘭香撮合訂婚，使褚彪也轉向施世倫。再由褚彪、李五充作內應，策反眾位英雄，倒戈相助黃天霸。由此攻破殷家堡，並將殷洪父女擒拿。這齣戲又名《拿殷洪》。劇中的郝似玉如圖丑扮，雖是丑旦，但須武丑演員飾演。劇情要求此角要有紮實的翻打工夫，開打時要翻得衝，打得狠。除此以外，還要有頂功和抄跤等技術，如左右汗水、左右順風旗、等，否則不能勝任。

　　《殷家堡》之郝似玉。此角由武丑飾演，
謂之武彩旦。梳辮子抓髻，穿女袄子、褲
子，拿馬鞭。此圖是走邊時的身段。

19.《斬浪子》之浪子

說戲：《斬浪子》亦名《藥茶計》，講的是京都平民張浪子的母親，與浪子的大娘一直不和，萌生了謀害之心。一日，浪子的母親調兌了一碗藥茶，想毒死大娘。不料，浪子的母舅前來串門，誤飲藥茶，當場毒斃。浪子的母親見事不好，便前去鳴官喊冤，誣告大娘毒斃其弟。問官不察，把浪子的大娘問成死罪。浪子天良不昧，既不能告發母親是殺人兇手，便自願以身代替大娘一死。他趁縣官在官衙交替之際，混入獄中，將大娘調變出來。到了秋決問斬之時，浪子被綁赴法場，眼看就要引頸就戮。浪子大娘趕赴刑場哭祭，講明了個中冤情。浪子義感天庭，宮中忽然有聖旨到場，將藥茶案犯人等全部特赦。浪子一角很是吃功，既有大段說白，還有大段的演唱。非大丑不能勝任。

《斬浪子》之浪子。戴甩髮、穿罪衣，繫腰包，青鞋，背後插招子。此是二路小花臉扮演。

20.《冀州城》之梁寬、趙衢

說戲：故事見於《三國演義》第七回。演的是馬超聯合羌兵攻佔冀州城，刺史韋康投降被殺。參軍楊阜詐降反被重用，藉故前往歷城，勸說姜敘合力抗擊馬超。馬超大怒，率兵攻打歷城，夏侯淵乘機夾攻，使馬超敗回冀州。留守冀州的梁寬、趙衢拒不開城，反將馬超的妻、兒捆綁到城頭上，當著馬超的面，兇殘地把他們殺死，棄屍城下。馬超悲憤失措，數次跌於馬下，大敗而走。劇中的叛將梁寬趙衢二人賣主求榮，在城樓之上草菅人命的表演，凶恨之極，令人髮指。二角雖然都是由二、三路丑角飾演，但演來並非容易，必須神完氣足，才能與馬超的「摔城」嚴絲合縫，成為「一棵菜」。

《冀州城》之梁寬。戴獅子盔，丑三髯口，穿紅箭衣，青馬褂，鸞帶、方靴、拿槍，與趙衢扮相不同。

《冀州城》之趙衢。此角與梁寬扮相不同，然而兩角無一定打扮，或戴虎頭盔或獅子盔，丑三也可，黑八字髯口亦可，均穿箭衣，馬褂、拿槍，前場挎刀。

21.《也是齋》之皮匠、岳子齋

說戲：《也是齋》又名《皮匠殺妻》，故事講有一個皮匠開了一個鞋鋪，皮匠做鞋，皮匠老婆站櫃臺。朝邑書吏岳子齊假裝買鞋，與皮匠老婆調情，二人勾搭成奸。被皮匠的弟弟楊盛公看破。私下裏說與皮匠，二人定計捉奸。一日，皮匠老婆與岳子齊幽會，他兄弟二人打進房來。楊盛公一刀殺死岳子齊，二人又追殺皮匠老婆。皮匠老婆滾在地下乞命乞性，皮匠不忍，而其弟楊盛公分外凶恨，一刀將皮匠老婆殺死，並且割下頭臚，二人去官衙報案自首。劇中的岳子薛是個有文化的淫棍，蓄意勾引婦女，是皮鞋丑應工。而皮匠一角凶憨癡楞，愚不可及，則是由武二花和丑角兩門抱，演員也要功力老道。

《也是齋》之皮匠。戴藍氈帽，王八鬍鬓口，穿藍布裰、青鞋子，繫大帶。此角二花面扮演，小花面亦可不是正角色。

《也是齋》之岳子齋。當年克秀山、趙仙舫同路三宮常演此戲。近年來禁止演唱，能此戲的很少了。其扮像，戴荷葉巾、花褶、朝方、拿扇子。此圖是試鞋時的身段。

22.《青石山》之王半仙

說戲：這齣戲由崑曲《請師斬妖》移植而成。古時青石山上有一風魔洞，洞中有一修煉千年的九尾妖狐。道成化身為美婦人，下山竄至周家弄法施妖，蠱媚少年主人周德龍。使得德龍終日對空自語，好似瘋魔一般。周家聘請王法師設醮禳災。但是，任憑王法師如何施法，也無一點兒效驗，德龍的病狀反而更加猖獗。呂洞賓聞訊而至，召請了天兵天將，還有關公、周倉、二郎神等一同下界，降伏了九尾妖狐。劇中王半仙由大丑飾演，他施法降妖，裝神鬧鬼，演起來十足討俏。文載：此角非羅壽山飾演莫屬，他一出場，有一大段唱，蓋過鎖吶，聲震瓦瓴，時稱一絕。

《青石山》之王半仙。戴道士巾，白四喜兒，穿紫花老斗（衣）或道袍，拿蠅甩。當年羅壽山最得神。現在蕭長華亦很好。

23.《王小過年》之王小

說戲：王小夫妻在一起商議怎麼過年，但是家中少柴無米、困苦難挨。於是乎，二人在家故意爭吵，攪得四鄰不安。鄰家翁看不下去，就送來許多食物。王小占此便宜，就又與妻商議，一起去向煤鋪的夥計和算命的卜者去訛詐錢財。元旦時節，王小夫婦因言語不合，發生口角。他倆對天起誓，從此互不說活。恰好內弟前來拜年，見他二人一語不發，懷疑出了大事，就去告官。縣官將他夫婦拿去，王小仍不說話。是官大怒，令衙役重責。不想竟把王小打死，其妻痛哭失聲，於是又把王小哭活了。這是一齣由丑角與小旦應工、嘲諷平民生活的鬧劇。清末田桂鳳曾演此劇，而且甚紅，每一貼演，四城轟動。

《王小過年》之王小。此戲是花旦、小花面雙上劇，表演一種窮家庭婦人不良，無可如何的神情，很可笑。

24.《長阪坡》之糜芳、探子、夏侯恩

　　說戲：《長阪坡》演劉表病死後，其妻蔡氏立次子劉琮繼位，並擬獻荊州於曹操。劉備大驚，棄走樊城，攜民渡江。劉備被曹軍追擊，眷屬失散。趙雲單槍匹馬救出糜竺、簡雍、甘夫人。糜夫人中箭不能行走，將阿斗託與趙雲後投井而死。趙雲懷抱阿斗，突圍脫險。張飛大喝當陽橋，嚇退曹兵。趙雲將阿斗交與劉備，劉備摔子，以示愛將之情。關羽趕至，伏兵漢津口，阻斷曹軍。

　　這是一齣武生、老生、花臉、旦角並重的傳統劇目。圖中的糜芳、夏侯恩、探子都是小人物，均由丑角扮演，以他們的蠢笨，反襯趙雲在萬軍陣前的勇猛無敵。

《長阪坡》之糜芳。帶大葉巾，黑四喜兒，拿馬鞭，穿素綠箭衣，青馬褂，繫大帶。此種扮像它劇很多。

《長阪坡》之探子。此角是三路小花臉的工兒，戴氈帽穿卒坎，帶藍布箭衣，繫大帶，拿報旗。

《長阪坡》之夏侯恩。戴虎頭殼、穿綠素箭、肩披下甲，背劍懸弓，插箭，腰中帶錘，持槍。丑三髯口，當年王長林最佳。

25.《戰宛城》之胡車、曹子

說戲：此劇寫曹操率大軍攻打宛城，張繡出戰，因敵不過曹軍大將典韋，只好獻城投降。曹操進城後微服出遊，見張繡的嬸居嬸母鄒氏生得漂亮，不由心動。又誤聽侄兒曹安民的慫恿，將鄒氏劫入大營。嬸母失蹤，張繡親到曹營探問，看出破綻，惱羞成怒，意欲反曹。但畏懼典韋猛勇，便邀典韋過營飲酒。將典灌醉，命健兒胡車趁夜盜去典韋的雙戟。成功之後，引兵襲曹。典韋失去兵器，被亂軍所殺，曹操棄城逃走，鄒氏亦被張繡刺死。劇中曹子既曹安民是個過場的人物，可由三路丑角飾演。胡車則為一流武丑飾演。許多名武丑飾演此角，都有出彩的絕活，為全劇迭增高潮。

《戰宛城》之胡車。此角色是開口跳扮演（其巾子與馬夫巾相似，無名子），戴八字，穿青袴衣褲，繫白條子，鸞帶，打裹腿，灑鞋，拿單刀。此圖是盜戟時的神氣。

《戰宛城》之胡車。此角色是開口跳扮演（其巾子與馬夫巾相似，無名子），戴八字，穿青袴衣褲，繫白條子，鸞帶，打裹腿，灑鞋，拿單刀。此圖是盜戟時的神氣。

26.《溪皇莊》之竇氏、賈亮

說戲：《溪皇莊》取材於《施公案》，是「八大拿」系列劇目之一。溪皇莊大王花德雷的哥哥，平日欺強凌弱、作惡多端，被巡按彭朋逮捕處決。因此，花德雷對彭朋懷恨在心，伺機報復。一日，彭朋巡查山西，微服私訪。途中被花德雷部下的兄弟尹亮識破，用薰香把彭朋迷倒，掠上山寨，囚入土牢。老英雄褚彪聞知，與賈亮聯絡了各路英雄各攜妻女，扮成賣藝之人，借給花德雷拜壽之機混入溪皇莊。以獻藝表演之名，探明莊中情況，救出彭朋，大鬧溪皇莊。把花德雷麾下的全部弟兄盡數剿滅，並擒獲花德雷，為民除了一害。劇中「十妹跑車」和「山莊獻藝」兩場參演的演員，可以打破傳統京劇的表演形式，各展所長，盡情發揮。此戲是齣文武帶打的鬧劇。

《溪皇莊》之竇氏。金頭蜈蚣竇氏見《彭公案》小說。手使鐵棒錘，頗有蠻力。在戲中用小花臉持錘，穿布褂，青坎肩，大紅緞子鞋，拿馬鞭。

《溪皇莊》之賈亮。戴透風巾、白八字、穿青袴衣褲、青花褶子、快靴、拿扇子、背條子、繫鸞帶、與朱光祖扮相同、在聲口上分別。

27.《黑驢告狀》之屈申

說戲:《黑驢告狀》的故事見於小說《包公案》。劇情與《瓊林宴》,《打棍出箱》相接。范仲禹的妻子白玉娥,被惡霸葛雲登逼迫,上吊自盡,停櫬於寺院廡廊。是夜,小和尚欲竊陪葬品,用斧開棺。白玉娥的屍身不脛而走。彼時山西商人瞿紳騎黑驢進京收賬,宿於惡人李保家中。李保夫婦謀財害命,把瞿紳毒死,掛在村後樹上,偽裝自盡。清晨被地保救起。白玉娥借屍還魂,與瞿紳陰差陽錯,互投軀殼,在市井哭鬧。恰逢包公下朝,路遇黑驢衝道。包公夜臥遊仙枕,親到陰曹地府勘察生死薄,查明情由。用照妖鏡,把白玉娥與瞿紳的魂軀重新調換過來,各歸自身還陽。葛登雲、李保等人犯,被包公懲處。

《黑驢告狀》之屈申。戴荷葉巾,穿花綠褶子,鞋子,肩扛稍碼子,道白說山西口音。

28.《陰陽河》之李目

說戲：山西商人張茂深將往四川經商，時置中秋與妻子李桂蓮一起飲酒賞月。醉後二人月下交歡，冒犯了月宮的神仙。次日，張茂深出門趕路，李桂蓮即得暴病，被小鬼勾攝了魂魄。張茂深到達四川之後，行至陰陽界口，見到一個女子在河邊擔水十分辛苦。遠看像是自己的妻子，心中生疑，回到店中向店主詢問。店主告訴他，所見的女人名叫李桂蓮，新近嫁給鬼役李目為妻，就在河畔居住。張茂深得知是自己的妻子哀痛欲絕，再次去到河邊尋找。在一處陋室夫妻相遇，悲痛萬分。正在相擁痛哭之際，鬼役李目歸來，一見大怒。李桂蓮忙向他解釋，稱張茂深是自己的兄長，李目轉怒為喜，置酒款待。李目一角由二路丑角扮演，因為他身為鬼役往來於人、鬼兩界，所以扮像是「兩大塊」。一邊黑、一邊白；連衣服、扇子也是如此。

《陰陽河》之李目。此種扮像它戲所無，
後臺衣箱中無此種行頭的多。現在普通
扮像，戴紅纓帽，穿外套是不通情理。
當然此圖才是老規矩的扮像呢。

29.《四平山》之太監

說戲：《四平山》故事講隋煬帝登基後，不惜國力，營造宮殿，致使國庫空虛，百姓苦不堪言。各路英雄揭竿而起，其中李密、程咬金等人的瓦崗軍最為英勇。一次惡戰中，殺得隋軍退到四平山上固守。煬帝無奈，派一大太監星夜趕往太原，召取趙王李元霸前來解圍。李元霸接過聖旨，李淵命其婿柴紹與元霸一同前往，並且再三叮囑，戰場上不得傷害恩人秦叔寶。李元霸年方十二，膂力千斤，武藝超群。掌中一對八棱紫金鎚重八百斤，天下無敵。兵至四平山，把瓦崗軍團團圍住。在柴紹的相助之下，李元霸不僅放走了恩人秦叔寶，而且瓦崗英雄們也一一突圍而去。唯有裴元慶不服，用雙鎚與李元霸比試了三個回合，也敗下陣去。劇中大太監一角戲並不多，一般由三路丑角扮演。

《四平山》之太監。戴太監盔，穿綠蟒，
拿馬鞭，舉聖旨。它戲中此角很多。

30.《打龍袍》之花仲華

說戲：包拯奉旨陳州放糧，在天齊廟內遇一雙目失明的乞丐老嫗告狀，向他述說了二十年前的宮中秘事。老婦便是當朝天子之母，宋真宗之妃李宸妃，並藏有先帝黃綾詩帕為證。包拯細戡無誤，當即答應代其回朝辨冤。包拯回京後，借元宵節皇帝觀燈之際，特設「天雷打死張繼保」等不忠不孝的燈戲諷刺皇帝。仁宗大怒，要斬包拯。經老太監陳琳說破當年狸貓換太子的舊事，才赦免包拯，迎接李后還朝。李后責備仁宗不察，命包拯代其責打皇帝。包拯遂讓仁宗脫下龍袍，用紫金棍責打龍袍數下，以此代責皇帝。圖中人物是《遇後》一折戲中的地保花仲華有兩場戲，一場為包公喝道，引李后上場；接著假冒包拯，讓李后摸腦骨。一般由二路丑角飾演。

《打龍袍》之花仲華。每逢有地保總戴紅纓帽，穿青外套，不問何朝代的戲，均是如此扮像。老戲不知改良，令人可歎。

31.《金錢豹》之豬八戒變像、黃狼精

說戲：《金錢豹》一劇演某村莊有富戶鄧洪，清明節攜家眷上墳掃墓。因女兒頗有姿色，被紅梅山中妖怪金錢豹看中，命手下黃狼精前去說親。鄧洪不應，黃狼精強將禮物留下，約期而去。鄧洪知為妖魔作怪，但又無計可施，萬分愁悶之際，忽有唐三藏師徒前來投宿。孫行者聞知情由，當即應承除妖。命八戒變作鄧女，自己變作丫鬟，伺機以待。深夜，金錢豹從空而至，見情形不妙，抽身逃遁。行者追出廝殺，金錢豹大敗。既而率眾小妖前來用妖法對打。行者不敵，反為其所敗。只得搬請天兵天將，大破飛叉陣，力擒金錢豹。劇中豬八戒戴豬拱嘴，貼肚子。變形為醜女時，由彩旦扮演，打滑稽把子。黃狼精則類似師爺般的角色，前說蘇白，由二路丑角飾演。

《金錢豹》之豬八戒變像。此角是三路小花面扮演，穿紅披、裙子，大紅鞋，拿翎扇，頭上倒戴黑滿作頭髮，半面擦粉，半面勾黑。此種扮像非常可笑。

《金錢豹》之黃狼精。戴荷葉巾，紅八字，綠花褶子，朝方靴，此圖是說親下定禮時的神情。

32.《棒打薄情郎》(《鴻鸞禧》)之金松

說戲:《棒打薄情郎》亦名《鴻鸞禧》。寫宋朝臨安城乞丐團頭金松,有一女名叫金玉奴,才貌雙全,因出身卑賤,十八歲還未受聘於人。一年冬日風雪交加,落魄秀才莫稽飢寒交迫,倒在玉奴家門前,玉奴心生憐憫,贈飯與他。眾乞做媒,莫稽入贅金家。玉奴一家待他如嬌客,一心供他讀書。大比之年,莫稽得中進士。但良心喪盡,登舟赴任的途中,將玉奴推落水中。並將岳父金松驅逐,任其流落。金玉奴被江西巡按林潤救起,收為義女。任中,林潤假說尚有一女待字閨中,說與莫稽為妻,使二人在洞房相會。金玉奴怒斥莫稽薄情負義,命僕婢將其棒打一頓,驅出門去。玉奴隨父返回老家清貧度日。玉奴的父親金松出現的場次不同,身份不同,扮像不同。左圖是他在當團頭時的打扮;右圖是洞房捧打莫稽後上場的打扮。

《鴻鸞禧》之金松。此角扮相與《打皂》、《分家》一樣,金松戴蒼八字吊搭,《打皂》戴黑八字,尚有別戲的地保也是此種扮相。

《棒打薄情郎》之金松。此種扮像在小花面中不多見。戴員外巾,蒼八字吊打。穿開氅,拿龍頭拐杖,朝方靴子。

33.《雙釘計》之王龍江、陰陽

說戲：舊日盛京有一裁縫叫王龍江，外號王能手，妻子名叫白金蓮，平素與綢緞商賈有禮有染。王龍江的生意不好，家計艱難。白金蓮時常吵鬧，要與龍江離異。白金蓮欺負龍江軟弱無能，久有謀害之心，想與賈有禮作長久夫妻。一日乘王龍江醉歸，逼迫賈有禮幫她一同謀害龍江的性命。賈有禮最初不肯，白金蓮則以訛罪嫁禍要挾。賈有禮無奈，就與她一同作惡。用雙釘釘入王龍江的腦後，致其喪命。此劇頭本到此而止，後本則是包公析獄的故事。這是齣潑辣旦應工的「血粉戲」。王龍江、賈有理和陰陽，同是丑角，王龍江和陰陽均由二路丑角飾演。

《雙釘計》之王龍江。戴氈帽，王八鬍髯口，穿藍布褂，繫裙肩，扛一串當十錢。此係回家時的神情。

《雙釘計》之陰陽。此戲扮像與《請醫》同。衣服顏色無定，此圖係開陝榜時說是：「此公命運起頭道，是無頭無腦可惜是梯子運，命中有二個小人，總是亂七八糟的。」隨說隨寫，寫完叫臺下人看。

34.《水簾洞》之蝦精

說戲：《水簾洞》是一齣大武生應工的「猴戲」。演美猴王孫悟空出世之後，集聚群猴，聚義花果山。操練武術時，因缺少適用的兵器，孫悟空潛入東海面見龍王，索取兵器。得到「定海神針」金箍棒之後，大鬧龍宮。

楊小樓的《安天會》和《水簾洞》都很出名。他在孫悟空的外型設計和動作表演上，十分注意把握人物性格，力求「神似」、「大方」，無毛躁之氣，稱為「北派猴王」。在他與蝦兵蟹將的開打中，率先發明了一種輕鬆愉快的「滑稽把子」，時人稱「化學把子」。蝦精由武丑飾演，扮像古怪，開打更為古怪，演員傚仿游蝦的動作，一拱、一刺，一伸、一縮，即傳神又逗笑，演好很不容易。

《水簾洞》之蝦精。戴紅耳毛，勾青臉，
穿虎皮坎肩，拿小芭蕉扇，此角是武丑
扮演。楊小樓演是戲，用傅小山扮蝦精，
很稱拿手。

35.《戰太平》之華安

說戲：《戰太平》的故事見於明李東陽的《花將軍歌》和《大明英烈傳》。

故事講，明季大將軍花雲輔佐朱元璋的侄子朱文遜駐守太平城。陳友諒率領大軍前來攻打，花雲奮勇抵禦。但因采石磯無人防守，被陳友諒軍中大將陳友傑暗襲，奪得磯頭，太平城遂被攻破。花雲擬保朱文遜突圍，奈何朱文遜貪戀家眷，貽誤時機，與花雲同遭擒獲。朱文遜屈膝投降而被殺害；陳友諒欽佩花雲忠勇，勸降歸順。花雲威武不屈，堅決不降。陳友諒命人將花雲縛於高竿之上，以箭射威脅。花雲掙斷綁繩，奪過刀槍，力殺數人，終因中箭傷重，自刎而死。

劇中華安是花雲的義子諳弱無能，故而在劇中用小花臉飾演。

《戰太平》之華安。戴武生巾，穿花箭衣馬褂，繫大帶。拿一把小刀子，朝方靴子。此角是二路小花面扮演。

36.《雙沙河》之魏小生

說戲：《雙沙河》故事講大宋年間，有魏小生、高能和楊仙童三人一起在山中學藝。藝成下山協助楊家將西征土番。土番國中有一位人才駙馬名叫張天龍，他有兩個妻子，一名玉寶，一名玉珍。二人都是土番國的公主，各懷武藝，與駙馬一起出戰。張天龍不是魏小生的對手，而兩位公主又都分別愛上了高能和楊仙童。彼此化干戈為玉帛，一起被請回土番大營歡敘感情。魏小生在戰揚上數次重創了張天龍之後，化身潛入玉寶和玉珍的營帳，與二位公主調情戲謔。最後，二位公主倒戈，幫助高能和楊仙童，殺死了自己的夫君人才駙馬張天龍。與魏小生、高能和楊仙童三人一起歸降了大宋王朝。劇中的魏小生由武丑飾演，扮相古怪，勾黑臉，帶道帽巾子，手使流星錘。不神、不人，不妖、不道，念京白，唱梆子腔。至民國時，此戲乃歿。

《雙沙河》之魏小生。戴道帽巾，青袴
衣褲，手拿流星錘兒，靠排子，勾黑臉。

37.《五人義》之丑校尉

說戲：太監魏忠賢弄權誤國，橫行朝綱，殘害忠良。在朝居官者若非魏忠賢一黨，非但職位難保，性命亦岌岌可危。眾官趨炎附勢，奔走門下。唯吏部侍郎周順昌守正不阿，魏忠賢意欲除之。周順昌致仕蘇州為鄉黨所尊敬。忠賢矯詔逮捕周順昌，蘇人大嘩。有顏佩韋、馬傑、沈楊、周文元、楊念如等五人激於義憤，鳴鑼號召，聚集數千人，執香乞求巡撫毛一鷺專摺上奏，為周順昌開脫。周順昌聞有聖旨，親至撫署投案。毛一鷺加以鐐銬，即日起解，眾憤群起攘奪。校尉被痛打，且挖去眼目。毛一鷺藏身廁中才得幸免。校尉逃至京師哭訴，魏閹大怒，派軍到蘇州將顏佩韋等五人斬首示眾。周順昌入獄，瘐死監中。丑校尉一角時而狐假虎威，為虎作倀；時而乞命乞性，醜態可掬，係一流丑角的吃功戲。

《五人義》之丑校尉。戴綠羅帽，
用繩繫起（如圖），穿綠素箭衣，朝
方靴，紅彩褲，繫大帶，扮像別致，
令人好笑。

38.《四進士》之紹興師爺、劉題

說戲:《四進士》故事寫,明嘉靖新科進士毛朋、田倫、顧讀、劉題四人出京為官,在雙塔寺立誓,共約決不違法瀆職。田倫之姐為霸家產,毒死夫弟姚廷梅,陷害其妻楊素貞。被革書吏、旅店店主宋士傑,得知素貞冤情,仗義相助,代為鳴冤。於偶然之中,獲得田倫向顧讀行賄證據,上告反受顧讀責打。宋士傑將狀告到八府巡按毛朋處。毛朋接狀,秉公審理,按律論處田、顧、劉三進士,並為素貞雪冤,對田氏等人繩之以法。宋士傑因為平民告官,被判充軍。宋士傑指出毛朋曾代楊素貞寫狀,也是犯法的行為,毛朋詞窮,遂將宋士傑赦免。其中劉題是以「好酒貪杯,不理民詞」,被參下場,戲很少。而師爺一角為蘇丑飾演,他先代顧讀收受了賄金,後又攜款逃走。害得顧讀承擔罪名,走上了受賄的道路。

《四進士》之紹興師爺。戴小帽,穿袍子馬褂、福履鞋,口戴哈哈笑。些圖私收贓銀時之身段。

《四進士》之劉題。戴黑四喜兒,穿藍官衣,玉帶,朝方靴。子與湯勤扮像一樣,所不同者,官衣的顏色一紅一藍。

39.《渡陰平》之黃皓

說戲：三國時期，漢主劉禪沉溺酒色，國事日非。魏將鄧艾率領人馬，進襲蜀國，成都告急。諸葛瞻父子掛帥禦敵，一戰而勝。然而，宦官黃皓挾持朝政，不發糧草。致使三軍無糧，士無鬥志，諸葛父子忠勇戰死。鄧艾、鍾會分兵入川。鄧艾欲與鍾會爭功，乘鍾會與姜維兩軍相持之際，暗引本部人馬從陰平小路偷渡摩天嶺，直取成都。宦官黃皓一角別有特色。《三國志》有傳云：「操弄權柄，終至覆國」，最終為魏國所滅。黃皓也算是一大奸雄。但是他畢竟還是一個太監，以丑角飾演，要把握一定的身份和尺度。

《渡陰平》之黃皓。此角穿紅蟒，
與老陳琳不同，戴太監盔，黃包頭。
拿拂塵，戴朝珠，繫絛子，朝方靴。

40.《煙鬼歎》之煙鬼

說戲：這是京劇形成初期的一齣時裝戲。清季金鈺班領班人薛印軒出於愛國義憤，自編自演了這齣《煙鬼歎》。劇情講述了一位名叫魏不飽的少爺，他吸毒成疾，以致病死。死後鬼魂倦戀家園和親友，回家見妻子哭泣之哀，深悔吸鴉片之害，以致傾家蕩產，家敗人亡。於是痛陳鴉片之害，藉以勸誡世人，是一出具有反帝、反吸毒、有一定進步意義的戲。上演之後，社會反響很大，所以此戲流傳很久。道光年間，有《煙鬼歎》劇本刊行於世。魏不飽一角的扮相雖是丑扮，但純以唱工為主，北方多為正樁老生飾演。後傳至南方，小花臉孟鴻茂亦演此劇，中間雜以地方小曲，更添詼諧。

《煙鬼歎》之煙鬼。是小花臉單挑戲，宗旨很好，默化吸煙的朋友。扮像無一定，穿富貴衣，戴老髮，總而言之，表現一種窮樣子而已。

41.《問樵鬧府》之樵哥、葛虎、報子

說戲：故事講宋代的儒生范仲禹應試至京，妻子中途失散，憂鬱成瘋，終日捉空喃喃，四處訪尋。行至山中，遇樵夫告知下落。方知妻已遭奸相葛登雲搶去，遂往相府索妻。奸相巧言相待，假作殷勤，將他灌醉，深夜遣爪牙殺之。不想天降大雨，爪牙被雷殛死。奸相又令眾僕持棍把范仲禹打死，匿之箱中，拋棄郊外。其時范仲禹已中大魁，報喜者遍覓狀元不得，川資已絕。適見有人抬箱而至，便出來攔劫。不料箱中人推箱而起，方知箱中人乃是遍尋不得的狀元爺。

范仲禹與丑扮的樵夫做戲時，有許多舞蹈姿式；與葛虎做戲時，使用了的身段。二丑若非配合有素，則演不出好的效果來。

《問樵鬧府》之樵哥。是角不易演唱，身段很多，王長林、羅百歲最拿手。戴草帽圈，白四喜，髮髻，穿茶衣，打腰包，肩上扛柴。

《問樵鬧府》之葛虎。戴大葉巾，黑四喜兒，拿刀，穿綠素箭衣，青馬褂，繫大帶，朝方靴子。

《打棍出箱》之報子。是劇兩個報子扮相同，一個戴鬍子、一個年輕，拿棍兒，戴氈帽，穿藍布箭衣，繫大帶，背報單。

42.《烏盆計》之張別古、趙大

說戲：元雜劇《丁丁當當盆兒鬼》寫的就是這個故事。南陽綢緞商劉世昌結帳回家，行至定遠縣路遇傾盆大雨，借宿於窯戶趙大家中。趙大見財起意，與妻用毒酒將其害死。將他的屍首剁成肉泥，燒成一個烏盆。恰巧，賣草鞋的張別古向趙大索要欠款，趙大便把烏盆相與抵債。劉世昌的鬼魂向張別古訴說了冤枉，張別古代其鳴冤，包拯為之申雪了冤枉，杖斃趙大。張別古屬老醜，心地善良，古道熱腸，是一個貧寒的好人。戲中的道白、數板很吃重，歷來都需名丑飾演。而趙大是個見財起意的壞人，害人時心狠手辣，得財後耀武揚威，令人髮指。此角一般為二路丑角扮演。

《烏盆計》之張別古。戴氈帽，
白四喜兒，穿紫花老斗，繫帶子、
青鞋，拿棍。王長林最稱拿手。

《烏盆計》之趙大。此圖是害死劉世昌
之後，扮相如此。戴荷葉巾、穿花綠褶
子，黑八字吊搭髯口，穿鞋拿扇子。

43.《玉玲瓏》之老鴇子、丑妓女、旗牌

說戲：《玉玲瓏》一劇描寫宋代的抗金女英雄梁紅玉的故事。梁紅玉原為京都名妓，一日，隨養母到宋營侑酒，見一巡更兵士露宿廟外。梁紅玉見他相貌英俊，喚醒詢問，知其名叫韓世忠。又見他談吐不俗，胸懷大志，便請韓世忠同回院，二人訂下婚姻之盟。韓世忠因此誤卯，主帥要將他斬首。梁紅玉進營代為剖辯，並歷數歷代女人俊目識英雄的典故，得到主帥的諒解。此時，恰逢金兵犯境，韓、梁二人自告奮勇出戰，大敗金兵。此劇丑角較多，如前所述之老鴇子、丑妓女等插科打諢，為二路角色飾演。兩個旗牌官在「誤卯」和「發兵」一場，也有一些白口和身段，大小也是個角色，都由正工丑角飾演。

《玉玲瓏》之老鴇子。此角名為彩旦，乃係純粹小花臉扮演。凡彩旦分兩種，有丑扮、俊扮。是劇當俊扮，穿花坎肩。

《玉玲瓏》之丑妓女。此角每逢有妓院的劇，總有一丑妓女以為笑料。頭戴蒼滿或自滿為頭髮，穿大紅帔，綠裙子，大紅鞋。一手拿絹子，一手拿翎扇。

《玉玲瓏》之旗牌。此劇有兩個旗牌，扮相一樣，穿箭衣，戴大葉巾，有馬褂，亦可一個戴白滿，一個戴蒼滿，是二路角扮。

44.《雙搖會》之老西

說戲：故事講有位人稱老西的山西商人，家中有一妻一妾，每當老西離家出外之時，妾常被妻欺辱。有一日老西外出歸來，先入妾房臥宿，不想被妻子所知，躡手躡腳地走到房外竊聽。妾向老西訴說被大娘打罵的苦情，被妻聽得一清二楚，於是開口大罵，破門而入。從此，妻妾二人吵鬧不休。驚動左鄰右舍前來居中調解。由眾人作主，妻妾二人並半均分。老西歸家後在妻、妾房中各住半月。二人仍然都要爭奪上半月。鄰居想出個雙搖會的辦法，點色大者得上半月，點數小者得下半月。遂如法炮製，上半月為妾所得。此劇雖滑稽百出，但是編者也有一片婆心，想藉此針砭陋俗，給納妾者一番警戒。

《雙搖會》之老西。戴荷葉巾，黑八字吊打，穿綠花褶子，青鞋，不繫帶子，拿扇子，唱山西梆子。

45.《珠簾寨》之老軍

說戲：此劇描寫黃巢起義的時候，唐僖宗逃到美良川，黃巢率兵窮追不捨。僖宗派程敬思到沙陀國李克用處搬兵，李克用曾遭受僖宗的謫貶，一直懷恨在心，不肯發兵。程敬思去求克用的夫人劉銀屏，劉銀屏滿口答應出兵。李克用懼內，不敢阻止。大軍行至珠簾寨，被寨主周德威擋住去路，軍兵不能前行。劉銀屏激李克用出戰，三人不分勝負。於是，二人又比試箭法。李克用箭射雙雕，使得周德威心悅誠服，歸降了李克用，一起前去解美良川之圍。劇中老軍一角，歷來為頭路丑角飾演。內中有一場擊鼓助戰的戲，不僅火實，還要打好鼓套子，很吃工夫。

《珠簾寨》之老軍。戴白四喜，大葉巾，
穿小袄，藍布箭衣，鞋子。此圖是擊鼓
助陣時的神氣。王長林扮演最得神。

46.《打櫻桃》之關大叔、書童

說戲：故事講：前朝市井中有邱姓少年，帶書童兒秋水寄居表親關大叔家中讀書。一日來到後花園散步，見到年方豆蔻的表妹在櫻桃樹下與丫環平兒一起打櫻桃。彼此偷覷，二目傳情，霎時種下情根，惹得相思成病。丫環平兒自任撮合山，去至書房問候，效紅娘傳書遞簡。一日，關大叔夫婦要去壽山赴會，邀請邱相公同往。童兒秋水設計，詐稱邱相公坐騎失控，摔傷了左膀，半路折回，想藉此機會與表妹幽會。童兒秋水人大心大，也鍾情了平兒，想藉此一舉兩得。他們的計劃被關大叔夫婦察覺，藉此把邱相公和秋水遣歸了故里。該戲以小生、小旦、小丑為主。純以做工見長。秋水和關大叔均為丑角扮飾。

《打櫻桃》之關大叔。此是二路角演，戴棒鍾巾，黑一字兒，穿花褶子，顏色隨便，繫條子，拿馬鞭，此圖是赴壽時的神氣。

《打櫻桃》之書童。名叫秋水，此圖是害病時的扮相。頭圍狐尾，穿青褶子，鸞帶，鞋子。拄一根棍子，非常有趣。

47.《背娃入府》之彩旦

說戲：《背娃入府》故事講寒士張元秀家境貧寒，寄居在表兄李平家中。李平夫妻躬耕壟畝，助其膏火。張元秀的岳父耿金文嫌貧愛富，時常用語言侮弄他。一日，元秀拾得溫涼玉盞一隻，想進京進貢以求進身。李平夫婦代他籌備旅費，助他上路。元秀進京之後，獻盞有功，被皇帝封為進寶狀元，後又晉封侯位。張元秀感激李平夫婦之情，接二人攜子入府，敬為上賓。岳父耿金文也來賀喜，張元秀惡其勢利，用言語辱之。李平夫婦代為勸解，張元秀怒氣始消，前隙乃解。該劇始自秦腔，清季名旦魏長生最擅此劇，飾演淳樸的鄉下婦女李平妻頗為神似。乾隆四十四年進京，他的演出轟動京城。

《背娃入府》之彩旦。此是小花臉正工，本無好處可言，今已不常演唱了。梳鄉下頭，背喜神（即小孩子），拿煙袋，穿竹布褲褂，大紅鞋。

48.《空城計》之老軍

說戲：故事見於《三國演義》。諸葛亮因錯用馬謖，失掉戰略要地街亭。魏將司馬懿乘勢引大軍十五萬向西城追來，諸葛亮身邊沒有兵將，所帶領的五千軍隊，也有一多半運糧草去了，只剩一些老弱殘兵守城。對此虎狼之師，諸葛亮穩如泰山。命士兵把城門打開，只派些老軍灑掃街道。諸葛亮帶領著兩個小書童，坐在城頭上飲酒賦琴。司馬懿到此擔心中計，不敢入城，命大軍後退三十里。待其醒悟，復來奪城時，趙雲已趕來護城。劇中老軍一向為大丑飾演，戲固然不重，但要不瘟不火、恰到好處，方見功力。

《空城計》之老軍。此角是頭等小花面扮演，譚鑫培在世時，總是王長林與羅百歲配演。戴氈帽、白四喜髯口、穿卒坎、藍布箭衣、繫大帶、拿掃帚。

49.《白水灘》之抓地虎

說圖：《白水灘》出自明人傳奇。描寫劫過皇綱的綠林好漢青面虎許起英下山遊玩，醉臥青石板上，被巡邏的官兵拿獲。知府命副將和自己兒子劉仁傑帶兵押解入都，邀功請賞。許起英之妹許佩珠得報，率領自家兄弟抓地虎等前來解救。許起英砸斷手銬，大敗官兵。恰被過路英雄莫遇奇（又名十一郎）看見，遇奇不明真相，幫助官兵和許起英搏鬥。許起英不敵，大敗而走。不想，莫遇奇反被劉仁傑誣陷通敵，蓄意放走許起英，被捕問斬。許起英聞訊，不記前嫌，率眾下山，打敗官兵，營救莫遇奇出險。武丑飾演的抓地虎，在開打中有不少絕活兒，他是許起英的結義弟兄，也是彝人了。

《白水灘》之抓地虎。此角係武生開口跳扮演，其扮相與朱光祖、楊香武同。不過不戴髯口，穿青誇衣褲、青褶子、拿馬鞭，戴透風巾、背插兩把單刀。

50.《一匹布》之趕腳的、張古董

說戲：故事講市井窮漢張古董一向不務正業，一日與妻沈賽花發生口角，誆走了妻子一布匹，拿到當鋪質當。路上遇見表弟李天龍，天龍向他述說自己曾聘周員外的女兒為妻，但該女未嫁而亡。周員外告知天龍如果日後另娶，可將亡女的妝奩相贈。張古董聞知此事，覺得是個得財的機會。就把自己的妻子借給李天龍為妻，與天龍一起到周員外府上認親。企圖騙得妝奩，二人均分。原講明當天去，當晚回。不想周員外執意留宿，結果弄假成真。張古董到縣衙控告天龍拐帶妻子，縣官聽了其妻的陳述，說是自己願意嫁與天龍。便從中成全當堂成婚。張古董為圖小利，弄了個人財兩空。此戲向例以丑角一人兼飾縣官及趕腳的兩個角色，一向由名丑擔綱。

《一匹布》之趕腳的。此戲亦稱《張古董借妻》，情節最堪發噱。是角在最末一場代演縣官，戴圓紗，穿紅官衣。此圖便是摘了紗帽，脫了官衣與張古董討驢子時的情形。

《一匹布》之張古董。此劇純像玩笑打諢，罵盡利令智昏之輩。戴藍氈帽、黑八字髯口、穿茶衣、腰裙、拿扇子、當年趙仙舫最稱拿手。

51.《回荊州》之丁奉

說戲：《回荊州》故事描寫孫權向劉備討取荊州，劉備不還。便依周瑜之計，假意兩家修好，將妹妹孫尚香許婚劉備，藉此把劉備誆過江來加以軟禁，換取荊州。此計被諸葛亮識破，命趙雲保護劉備過江。行前交給他三封錦囊，囑他關鍵時刻依次拆看。首先利用國老喬玄，勸說孫權之母在甘露寺相親。吳國太相中了劉備，便將孫尚香嫁給了他。劉備樂而忘返。趙雲依諸葛囑咐，假稱荊州出現危機，劉備說動孫尚香一同逃走。周瑜派丁奉沿途追擋，劉備激孫尚香將追兵喝退；待周瑜親自追來時，早已埋伏下的張飛，在蘆花蕩口將周瑜殺得大敗。劉備攜夫人安然返回荊州。戲中的丁奉由二路丑角扮演，用來襯托趙雲的俊美；丁奉的無能，正好襯托出趙雲的智慧和勇猛。

《回荊州》之丁奉。三國戲之丁奉，
純是二路小花面扮演。戴獅子盔，黑
四喜髯口，穿綠靠、朝方靴，拿馬鞭，
花槍。

52.《丑別窯》之禿丑、禿婆

說戲：《丑別窯》亦叫《花大漢別妻》，寫的是花大漢從軍之後，奉命出征，主帥命他次日啟程。花大漢回家與妻王氏話別。王氏備酒餞行，終夜談飲。天明之時，花大漢聞得集合炮聲，叮囑王氏千萬別受人引誘而去。王氏送他去後，便另有所思，找機會改嫁他人去了。這是一折小丑飾演的鬧劇，藉以嘲諷「夫妻本是同林鳥，大難來時各自飛」的市俗行徑。舊日，此劇常與《平貴別窯》一起上演，名為《雙別窯》。把薛平貴與王寶釧的忠貞情愛與之形成鮮明的對比，如同後現代的表演手法一樣，產生了笑中帶淚的舞臺效果。

《丑別窯》之禿丑。此戲純粹打諢，扮相特別，穿茶衣、腰包，腰後作一假小辮。後來夫妻相打時，變成兩個禿子。

《丑別窯》之禿婆。此是彩旦扮演，打粉無一定規矩，不外乎鄉下婦人的神情，擦一臉怪粉，腦後作一假髻兒，夫妻吵鬧，彼時相打，弄成兩個禿子，真可笑。

53.《火焰山》之假牛魔王

說戲：唐僧師徒去西天取經，行至火焰山無法過去。只有鐵扇公主的芭蕉寶扇，才能熄火降雨。孫悟空遂去芭蕉洞向鐵扇公主借芭蕉寶扇。鐵扇公主不顧悟空相求將悟空逐出。悟空又向靈吉菩薩求教，得到定風寶珠。二次來到芭蕉洞借扇，鐵扇公主連扇三扇，悟空巋然不動。且巧施本領，鑽入鐵扇公主腹內，公主痛苦難奈，遂將一把假扇借給悟空。悟空與八戒前去滅火，險些葬身火海。悟空又到積雪山找到結義兄弟牛魔王再借寶扇。牛魔王不悅，與悟空刀兵相見。悟空巧施分身法，變作假牛魔王再去芭蕉洞。鐵扇公主分不出真假，借出寶扇。觀音菩薩收伏了牛魔王。扇滅火焰山的大火，四人又踏上了取經之路。劇中假牛魔王由丑角飾演，開打滑稽可笑，在戲中起到調味的作用。

《火焰山》之假牛魔王。頭帶王冠，插一支雉尾，身著女莽，手執摺扇，紅彩褲、朝方靴。學說花臉、間雜京白，一身猴氣，十分滑稽。

54.《臨江驛》之土地奶奶

說戲：諫議大夫張天覺觸犯權貴被貶官，攜女兒翠鸞同回故里。因江時船翻覆，父女失散。漁父崔文遠將翠鸞救回，收為義女。崔文遠的侄子崔甸士進京赴考，辭別伯父，文遠將翠鸞許他為妻，約好成名後就來迎接翠鸞。結果，他及第後卻被試官趙錢招為女婿，赴任秦川縣令。翠鸞聽說崔甸士得官，卻不踐約，就隻身尋夫。崔甸士已經變心，趙女又兇悍多妒，誣陷翠鸞為逃婢，刺配沙門海島。當初翠鸞之父張天覺落水後也被人獲救，此時任職提刑廉訪使，攜有上方寶劍，裁割不法。翠鸞發配途中與父親重逢於臨江驛。天覺聽女兒訴說冤情怒不可遏，將崔甸士和趙女綁縛治罪，趙女則淪為婢妾。張天覺與女兒張翠鸞同宿臨江驛時，均賴正直的土地爺和土地奶奶幫助。此兩角色由二路丑角飾演。

《臨江驛》之土地奶奶。此角是於振亭
扮演時的打扮，頭戴白滿為頭髮，戴眼
鏡，拿拐杖，穿紫花老斗、綠裙子、紅
鞋，繫白綢子，很發笑。

55.《打嚴嵩》之嚴俠

說戲：明嘉靖年間，嚴嵩父子專權納賄，殘害忠良。誣殺了忠臣楊繼盛、沈練、張經之後，朝臣多已緘口側目，無人敢言。御史鄒應龍為人剛直，一直想找個機會挫辱嚴嵩。遂授計先帝後裔開山王常寶童，竄綴他痛打嚴嵩，但不可傷及臉面，事後自有道理。常寶童依計而行。鄒應龍先去謁見嚴嵩，偽作趨炎附勢，被嚴嵩引為心腹，取旨親往開山府搜查逃犯。常寶童誘嚴嵩見先帝御容不拜，令眾家將以金鐧痛打了嚴嵩。鄒應龍趕至，嚴嵩向他說明要上殿奏訴常寶童。鄒應龍說宰相臉無傷，皇帝怎能相信？嚴嵩即令鄒應龍來打自己。鄒應龍且打且罵，以舒胸中之恨。而嚴嵩負傷猶自不解，如墮夢中。嚴俠是嚴嵩的門官，平時狐假虎威，欺上瞞下，貪污受賄。被鄒應龍一陣諷謔，足使此類人無地自容。

《打嚴嵩》之嚴俠。戴圓紗帽、黑八字，
穿海青官衣，朝方靴，與《打麵缸》之
四老爺相同，所不同者，聾口而已。

56.《四傑村》之朱彪

說戲：此劇出於武俠小說《綠牡丹》。朱氏兄弟共有龍、虎、熊、豹四人，在揚州四傑村稱王稱霸。早年他們在平山堂擺設擂臺，賣弄武藝，被江湖英雄鮑士安、駱宏勳等打敗。朱彪驕橫，被鮑金花用腳尖踢瞎兩眼，從此結下仇恨。恰巧，這一年駱宏勳被賀世賴誣為盜賊，因解到京，路過四傑村。朱氏兄弟得知此事欲報私仇，用武力把駱宏勳劫入村中。駱宏勳的義僕餘千，前往營救，遇見駱宏勳舊交頭陀蕭計。蕭計銳身自薦，一同前去搭救。中途又與綠林好漢鮑士安、花振芳、濮天鵬、鮑金花諸人不期而遇。眾人一起趕至四傑村，見村前弔橋已被抽去，無法進莊。蕭計即用神光普照巨匾，渡過眾家好漢。進莊之後，一場惡鬥，將朱氏兄弟盡數消滅，救出了駱宏勳。

《四傑村》之朱彪。戴武生巾，
拿馬杆兒，腰插單刀，穿箭衣、
繫大帶、穿靴子，面上勾兩瞎眼。

57.《送灰麵》之老西

說戲： 有文獻描述，《送灰麵》內容失考，僅是一齣花旦、小丑的玩笑戲而已。早年間此戲以田桂鳳演得最好。文稱：「田桂風自同治以至光緒初，其大名鼎鼎，實在汪桂芬、譚鑫培之上，至田桂鳳之前，無由以花旦演大軸者，然彼以《關王廟》、《送灰麵》等戲演於譚後，而觀者無去者，可知其叫座能力。」名票張伯駒先生在《紅毹紀詩選》中寫道：「演來《送灰麵》劇諧，身段曾從聞訊來。黑夜獵獾談遇鬼，亦如異鄉看《聊齋》。」筆者查閱不少資料，最終也沒有搞明白，唯此圖為人們留下一個影像。

《送灰麵》之老西。戴氊帽、頭盤辮子、繫圍裙、肩扛一口袋麵。當年劉趕三常演此劇、現不多見。

58.《請清兵》之烏里布

說戲：《請清兵》是全本《鐵冠圖》中的一折。故事講李自成在陝西米脂
縣起義，知縣邊大綬掘其祖墳。李自成屢破官軍，但一度為孫傳庭所敗，再轉
攻山西。巡撫蔡懋德與寧武關守將周遇吉頑抗，兵敗後自盡身亡。李自成進逼
北京，守城官兵皆不願戰，太監杜勳來降，崇禎帝自縊煤山。李自成軍進京以
後，強征暴斂，驕奢淫逸，劉宗敏搶佔了吳三桂的愛妾陳圓圓。三桂聞之、一
怒衝天，遂請清兵入關。李自成戰敗，退出北京，最終，戰死九龍山下。劇中
烏里布是大清努爾哈咪的一名要員，全套滿清的打扮。在口白和做派上與傳統
戲中人物截然不同。由二路丑角飾演。

《請清兵》之烏里布。此角完全
清朝打扮，戴纓帽、紅頂花翎、
黃馬褂、穿朝衣。手抱令箭、跨
腰刀。

59.《走麥城》之傅士仁

說戲：三國時期，蜀將關羽攻佔樊城，曾經水淹七軍，從此聲威大振。逼得曹操曾議遷都，以避其鋒芒。江東大將呂蒙乘關羽與樊城守將曹仁對峙之時，偷襲了荊州，攻佔了關羽的大本營江陵。關羽腹背受敵，急忙從樊城撤兵西還，駐紮在麥城，整頓兵馬。呂蒙採取分化瓦解的策略，使鎮守公安的大將傅士仁歸降了東吳。關羽聞知怒氣衝天，昏絕於地。將士亦無心戀戰，逐漸離散。孫權派人過營，誘降關羽。關羽在孤立無援的情況下，偽稱投降，在城頭樹立幡旗，假充軍士。自己抽身逃走，只有十多名騎兵士跟隨。孫權派朱然、潘璋斷了關羽的後路，在臨沮捉獲關羽和其子關平。關公堅貞不降，終被處死。劇中的傅士仁的叛變，是關老爺敗走麥城以至亡命的主要原因。故以小丑扮演。

《走麥城》之傅士仁。戴元紗巾帽、
黑四喜兒、穿紅蟒、玉帶、朝方靴。

60.《走雪山》之鐵拐李、黑旗牌

說戲：《走雪山》是傳統戲《義僕忠魂》中的一折。劇情寫奸閹魏忠賢企圖謀位，密約文武百官畫押擁立。天官曹模不服，拒不畫押，被全家問罪，曹模及夫人自刎而死。家人曹福護持曹女玉蓮，逃奔山西大同投親。途徑廣華山天降大雪，二人步履艱難，扶拽難行。曹福為保護玉蓮，把衣服脫盡，自己凍餒而死。後被山中打豹兵勇發現後，護送曹玉蓮到了大同，投奔義父李德政府中。魏忠賢聞知，矯旨捉拿李德政問斬。副將張守信約會十四路人馬進京討魏。魏忠賢事敗被殺，曹模全家平反。劇中曹福與玉蓮相依為命，走雪山感人肺腑。曹福被凍得神志恍惚，看到神仙降臨。臺上上八仙人走過場，鐵拐李隨眾仙舞蹈而過，並無言語唱詞，唯動作滑稽可笑。由三路丑角或底包龍套飾演即可。

《走雪山》之鐵拐李。上八仙人的戲很多，其扮相同。戴荷葉巾，一字髯口，穿青褶子，挂拐、拿葫蘆，朝方靴。

《南天門》之黑旗牌。戴大葉巾，身穿素箭、白馬褂，或紅馬褂，佩刀手拿馬鞭。此是請青衣上馬之身段。

61.《慶陽圖》之馬蘭、土地爺

說戲：春秋戰國時，周厲王因地方叛亂，命李廣、李剛前去征討。二人功成回朝，厲王封李廣為王，封李剛為侯。在慶功宴上，李剛誇官，誤將國舅馬蘭的金冠打落在地。馬蘭責其傲慢失儀，李剛則笑他倚仗裙帶得官，並一怒打了馬蘭，宴會不歡而散。馬蘭懷恨在心，向妹妹馬妃進讒。二人下訂下計策，乘厲王酒醉，誣告李廣與楊皇后曖昧。厲王大怒，命馬蘭監斬李廣。楊皇后得知上殿，逼迫厲王下詔赦免李廣。馬蘭故意稱奉旨不及斬了李廣。李剛聞報，率兵反朝，殺死了馬蘭。嚇得厲王緊閉宮門，躲入後宮。李剛圍住皇城，楊皇后送出馬妃求免，李剛乃斬了馬妃，收兵回府。馬蘭一角屬袍帶丑，戲較重，均由大丑飾演。

《慶陽圖》之馬蘭。戴元紗、黑四喜兒、窮綠蟒、玉帶、朝方靴子。此種扮相他劇很多。

《慶陽圖》之土地爺。戴荷葉巾，土地臉子，口戴白四喜，紫花老斗，手拿拐杖，此乃護駕之身段。

62.《鍘包勉》之包勉

說戲：故事出自公案小說《包龍圖》。描寫宋朝包拯奉旨前往陳州放糧，首相王延齡、司馬趙斌和包拯的侄子包勉等同至長亭餞行。包勉任長亭縣令為官不正，貪贓枉法，被包拯得知。包拯大怒，鐵面無私、不徇私情，按律擬處重刑。王延齡、陳琳出面替包勉一再求情，而司馬趙斌在一旁冷語譏諷，包拯正顏厲色，在長亭立鍘包勉。劇中的包勉與包拯名為叔侄，實為手足兄弟一般。包拯幼年被父母拋棄，由嫂娘撫養成人。他二人一起讀書，一起得中，又一同為官。但二人生性不同，包拯堂堂正正，包勉苟苟營營。故包勉用丑角飾演，與包拯的光明磊落互成對比，更見美醜。

《鍘包勉》之包勉。此戲當年郎
德山最稱手，包勉一角總是趙仙
舫串演。此圖是要鍘時的扮相。
戴黑八髯口、甩髮、穿青褶子、
繫腰裙、朝方靴。

63.《浣紗記》之漁翁

說戲：春秋時，楚國大將伍員被奸臣費無極陷害，蒙東皋公幫助，隻身逃出昭關。楚兵緊追不捨，四處搜捕。伍員逃至江邊，見岸邊有一漁舟，急呼漁父哀求渡江。漁丈人憐其英雄落魄，窮窘無歸，便慨然渡之。行至中流，伍子胥解下腰間的龍泉寶劍為謝，漁丈人不受，說道：「楚王有令，誰能得伍子胥者受上賞。而今國之上賞我且不貪，何況一柄三尺寶劍哪？」伍員聞言，感激無比，抵岸揖謝而去。但須臾返回對漁丈人說：「如果追兵趕至，丈人萬勿直告。」漁丈人一看子胥見疑，恐反至禍，索性投江一死，自明其志。伍員阻之不及，悵望江波，揮淚而去。劇中的漁丈人多為二路丑角扮演，投水翻走搶背，也能得采。

《浣紗記》之漁翁。戴白四喜兒髮髻、
藍布茶衣、打腰包、拿櫓。漁翁戲很多，
其扮相均略同。

64.《八蜡廟》之朱光祖

說戲：《八蜡廟》是京劇「八大拿」中的一齣。黃天霸率眾喬裝改扮，捉拿採花賊費德功。費德功武藝高強，但為人淫亂，搶男霸女，無所不為。黃天霸斷定費德功必然會在八蜡廟會上出現，於是帶領眾衙役，及好漢褚彪、褚香蘭、朱光祖、賀仁傑、張桂蘭等英雄，化裝成趕廟會的演戲班子前去捉拿。故事情節曲折，懸念迭出，角色眾多，行當齊全，文武並重。開打火熾風趣，檔子設計巧妙，能給觀眾帶來許多驚喜。這也是一齣大反串戲。歷代著名的京劇演員在大堂會、或賑災義演、或封箱大會時，齊聚一堂，反串此戲。就是讓觀眾既感到新鮮特殊，以展示演員們個人多能的技藝。戲中朱光祖一角，原本武開口跳應工。「四大名旦」「四大鬚生」均反串過這一角色，特別出彩。

《八蜡廟》之朱光祖。戴黑八字髯口、大葉巾、穿青花褶子、快靴。王長林最稱拿手，江南盧慶元也很好。此等武丑最講口白，很不易唱。

65.《豔陽樓》之賈先生、秦任

說戲：《豔陽樓》演得是：宋朝權相高俅之子高登，倚仗其父的勢力，搶男霸女，為害一方。一日，高登載酒出遊，遇徐士英一家在郊外掃墓。高登見徐士英的妹妹徐飛珠貌美絕倫，便命人搶回府中，欲納為妾。飛珠不從，被囚禁豔陽樓中。徐士英與梁山英雄的後裔花逢春、呼延豹、秦仁等三位英雄，一起潛入高府。在高登酒醉出屋之際，奮力拚殺。經過一場激戰，終於將高登及其爪牙一舉全殲，救出許飛珠。劇中的賈先生是一個幫閒的清客，一貫助紂為虐，為虎作倀，以二、三路丑角飾演，最恰當不過。秦仁則是一位好抱打不平的英雄，由武丑飾演，形似朱光祖。

《豔陽樓》之賈先生。此種扮相很多，如越子齊、屈老西、韓龍等，均是戴荷葉巾、綠花褶子、朝方靴。而此角不戴髯口、拿馬鞭、扇子。

《豔陽樓》之秦仁。戴軟羅帽，花袴衣褲、快靴、大帶。此圖走邊之身段。

66.《斬黃袍》之韓龍

說戲：五代末年柴榮已死，趙匡胤黃袍加身，取得帝位。納娶了河北韓龍之妹韓素梅為妃，寵愛有加。從此深居後宮，不理朝政。並且提拔重用韓龍，授以掌國之權。趙匡胤的義弟鄭恩，憨直進諫，趙匡胤根本不聽。鄭恩便在殿前痛斥匡胤昏聵無道。趙匡胤大怒，命衛士把他綁縛殿前。韓素梅得知，與韓龍乘機搆謀，矯旨出宮，要斬鄭恩。大將高懷德奏表力保，均為韓龍兄妹阻匿。鄭恩被斬屈死，鄭恩之妻陶三春知之，率眾兵臨城下。趙匡胤恐懼，苦求高懷德調停保護。高懷德怒斬韓龍並請殺韓妃，封蔭鄭恩妻子，賜與黃袍以謝鄭恩魂於地下。趙匡胤不得已，一一從之，陶三春才率兵而退。韓龍繫袍帶丑應工，是舊劇中常見之角色。多為二路丑角飾演。

《斬黃袍》之韓龍。韓龍初上場時，
戴葉巾、穿褶子。進妃時，改穿紅官
衣、戴圓紗、朝方靴、黑八字吊打兒。
此圖是逃命時的神氣。

67.《臥虎溝》(《艾虎招親》)之沙秋葵、蔣平

說戲:《艾虎招親》又名《臥虎溝》,大宋年間,兵部尚書金輝之女金牡丹被金輝之妾巧娘讒言所污。金輝欲將牡丹處死,牡丹逃出府外。黑夜之間誤入強盜賊船,投水自盡。被漁父張立夫妻所救,認為義女。眾漁人聚金祝賀。黑狼山寇葛瑤明見牡丹生得漂亮,擬搶入山寨為妻。恰逢英雄艾虎前來買酒,打得葛瑤明望風而逃。艾虎追擊賊寇中了埋伏,被擒入臥虎溝。江湖好漢沙龍之女鳳仙和義女秋葵擊退了山寇,救出了艾虎。蔣平等眾英雄替艾虎與鳳仙訂了婚事。眾英雄合力攻打黑狼山,擒獲藍驍,救出金輝,使金輝父女相認,前嫌盡解。劇中的沙秋葵以彩旦應工,丑扮,為了襯托沙鳳仙,以顯其俊美善良。

《艾虎招親》之沙秋葵。此角扮相不多見,梳辮子、擦怪粉、穿女袄子、褲子、繫汗巾、手拿大棍、一望而知是個蠻丫頭。

《臥虎溝》之蔣平。戴道巾,穿套衣,素彩褲,口戴黑八字。此乃盜衣時之身段。當年張黑稱為拿手。

68.《獨木關》之何宗憲、張志龍

　　說戲：故事出自《說唐》，演的是薛仁貴從軍後，在張士貴的部下當了一名火頭軍。張士貴妒才嫉能，對他百般屈抑。在多次戰鬥中，薛仁貴雖然屢建奇功，但均被張士貴冒領。一次，張士貴攻打獨木關，被敵將安殿寶所困，張士貴的兒子張志龍和女婿何宗憲，均被擒去。張士貴命薛仁貴出戰。薛仁貴部下周青等人對張之所為向來不滿，群起怒打差官。張士貴親往薛仁貴帳前拜求。彼時，薛仁貴正抱病在床，聞鼓聲甚急，毅然帶病上馬，一槍刺死安殿寶。眾人救出張志龍、何宗憲。張志龍、何宗憲二人愚頑驕縱，武藝平平。平時仗著乃父的勢力怯陣冒功。劇中以小丑飾演這兩個角色，更看出張士貴的昏潰無能。

《獨木關》之何宗憲。此角與張志龍
一樣打扮，戴虎頭盔，穿箭衣、馬褂、
拿槍、無髯口。

《獨木關》之張志龍。此角係二路小花
臉串演，戴虎頭盔，前場穿褶，後場穿
箭衣、馬褂、拿槍、與何宗憲扮相同。

69.《三戲白牡丹》之童子

說戲：故事原載於《東遊記》。劇情講：白牡丹原本是洛陽城中的第一流的名妓，生得國色天香，溫文爾雅，琴棋書畫，無所不能。呂洞賓一見心神蕩漾，戀羨已久，欲度牡丹為仙。變化成風流才子登門拜訪。二人相見，一拍即合，魚水相諧，各呈風流，通宵達旦，雲雨不歇。呂洞賓本是純陽連宿數晚，金露不泄。牡丹大奇，曲盡春意，竟不能得玉露一滴。此事被鐵拐李、何仙姑與張果老等人得知，一起下界，玉成此事。最終，白牡丹超度成仙。劇中童子是呂洞賓的小隨從，在三戲白牡丹時，也有些插科打諢的臺詞。但戲不重，多由三路丑角飾演。

《三戲白牡丹》之童子。戴孩兒髮、穿青褶子、繫大帶、身後背一藥箱。此角是三路小花面扮演。

70.《法門寺》之張公道、賈貴

說戲：明朝正德年間，眉鄔縣女子宋巧姣，因其未婚夫傅朋曾與少女孫玉姣調情，致使遭受不白之冤，屈打成招，供稱圖奸謀命之罪。眉鄔縣令趙廉含糊定獄，巧姣不服，先從劉媒婆處賺得真情，代夫鳴冤上控。時值劉瑾侍從太后在法門寺拈香，宋巧姣冒死叩閽。劉瑾傍侍太后在佛殿親審，察其所告非虛，怒斥趙廉，命其緝拿真兇，三日結案。趙廉見宋巧姣狀詞，方知尚有劉媒婆一干人等為案中要犯。遂一鞫而服，並查出劉公道陷死宋興兒之事。兩案俱定，釋出傅朋，笞劉媒婆，殺劉彪、劉公道以償命。奉太后旨，以孫玉姣許配傅朋為二房妻室，至此結案。太監賈桂一角最為吃重，當案念狀清楚脆快、一氣呵成，非名丑不能飾之。張公道老而愚頑、自作聰明，說怯口，由二路丑角飾演。

《法門寺》之張公道。戴白氈帽，白五撮髯口，腦後有一條白小辮，穿紫花老斗，與潘老大、張別古大有不同。

《法門寺》之賈貴。戴太監冠，穿箭衣大帶，外罩馬褂，朝方。做讀狀紙狀。

71.《掃松》之小哥哥

說戲：《琵琶記》傳奇中的一折。演的是蔡伯喈進京趕考，一去三載，杳無音信。時逢荒旱，父母病餓而亡。其妻趙五娘身背琵琶進京尋找。同村老翁張廣才代為照看蔡家墳塋。這年秋天，他正在打掃蔡家墳前敗葉，碰到前來下書的公差李旺問路。相談之下，張廣才才知蔡伯喈已然高中，今日派人下書。張廣才悲憤不已，領著李旺來到蔡家墳前祭奠，並把蔡家二老餓死，五娘盡孝的情由講與他聽。對蔡伯喈一去不歸的行徑表示極大的憤慨。劇中的小哥哥既李旺，做工緊要，舉手投足，必須與張廣才的動作，配合得和諧一致，方能達到完美。角色不大，但必須頭牌大丑飾演，才能相得益彰。

《掃松》之小哥哥。戴青羅帽、普遍有戴紅纓帽的、拿雨傘、棍子、背包袱、書信、穿藍布箭衣、繫大帶。

72.《溪皇莊》之賈亮

說戲：這是一齣熱鬧的短打武生群戲。演的是溪皇莊土豪花德雷與採花蜂尹亮為友，二人狼狽為奸，橫行無忌，時常採花害命，無惡不作。彭公微服私訪至此，為花德雷識破，捉入莊內，押禁土牢之中。徐勝、劉芳四處尋訪彭公，遇鏢客諸彪及賈亮，得知彭公身陷溪皇莊。乃定計各攜妻女，喬裝江湖賣藝之人，乘花德雷慶壽之時，夾帶兵器，一齊混入莊內。是夜大鬧溪皇莊，力擒花德雷，救出彭朋。其中，賈亮為武丑應功，走邊和開打都有著不少高難動作。必須基本功磁實方能勝任。

《溪皇莊》之賈亮。戴透風巾、
白八字、穿青袴衣褲、青花褶子、
快靴、拿扇子、背條子、繫鸞帶、
與朱光祖扮相同、在聲口上分
別。

73.《盜宗卷》之蒼頭

說戲：漢惠帝時，呂雉臨朝稱制。大封呂氏宗族，皆封王裂土。呂后又用酖酒毒殺了趙王如意，幽死了趙幽王友，逼迫趙共王恢自殺，殊殺了燕靈王建之子，以絕其後。一心要削弱劉氏宗族，篡權謀位。唯剩漢高祖兒子代王恒、齊王肥。呂雉唯恐諸王用宗譜來削其權勢，命職掌宗卷的御史大夫張蒼，把宗卷全部焚毀。彼時關東諸王派遣田子春到京，向丞相陳平索取宗卷。陳平令張蒼交出，張蒼籌思無計。其子張秀玉因料就漢室必有蕭牆之禍，故在正卷銷毀之先，已私自抄錄全卷，以備不測。張蒼轉憂為喜，攜卷獻與陳平。陳平大喜，遂與田子春等共謀去呂之策。劇中老蒼頭多為二路丑角飾演。

《盜宗卷》之老蒼頭。戴白氊帽、白四喜兒、穿紫花老斗、繫大帶、手拿燈籠。此圖是跑的時候之身段。

74.《孟姜女》之贊禮郎

說戲：故事描寫秦始皇專橫無道，役使無數民工修建萬里長城，慘死百姓無數。民間女子孟姜的新婚之夜，其夫萬喜良便被官府抓去築城。此一去迢迢萬里，杳無音信。孟姜女久待不歸，便攜帶冬衣，萬里尋夫。路上歷盡千辛萬苦，及至長城，方得知其夫早已死於非命。孟姜大哭不已，感天慟地，長城為之崩塌。後人景仰孟姜女的忠烈，在山海關為之建成貞女廟，以供後人景仰。前殿有一著名楹聯，上聯「海水朝朝朝朝朝朝朝落」，下聯「浮雲長長長長長長長消」，讀法斷句多種，供人細細品評，可使遊人想像當年孟姜女千里尋夫的淒涼心境。

《孟姜女》之贊禮郎。劇中每逢合巹之時，必有贊禮郎。其打扮均同，戴方巾、插一朵金花，八字吊打，穿青褶子、朝方靴、十字披紅。

75.《大名府》之阮小五、時遷

說戲：宋時，大名府富戶盧俊義在冰雪寒天中，救了李固，留在府中當了管家。李固不思恩德，與盧妻賈氏勾搭成奸。梁山英雄仰慕盧俊義的英名，想迎他上梁山聚首。吳用攜李逵喬裝星士，把盧俊義騙離家中。在梁山附近，派人與他釁鬧為戰。盧俊義敗，被張順生擒。宋江勸其入夥，盧俊義不從，下山回家。李固與賈氏合謀出首，坑陷盧俊義入獄，刺配邊關。李固買通解差中途害其性命。義僕燕青暗中保護，射死二差，背盧逃走。被被官兵擒獲問斬。石秀劫法場，同遭被擒。吳用計遣眾好漢，乘元宵節喬裝入城，攻打大名府，救出盧俊義和石秀歸山。劇中時遷和阮氏兄弟皆由武丑飾演。時遷戲重，須由頭牌武丑擔綱，阮氏兄弟則由二路武丑飾演。

《大名府》之阮小五。阮氏弟兄扮相略同，均是茶衣腰裙、無髥口、不戴帽子、用辮子挽一個髻兒，手拿檔，後場拿雙刀開打。

《大名府》之時遷。戴藍氈帽，茶衣，腰包，鞋子。當年張黑、王長林，麻德子最稱拿手。各人臉譜不同，有勾雞形的，有如圖的，日下演此戲的很少了。

76.《渭水河》之武吉

說戲：故事出自《封神演義》。描寫殷商時期，紂王無道，天下思變。西伯姬昌夜夢飛熊入帳，次日召散宜生占卜。散宜生囑其往山林親訪，可得賢臣輔佐。姬昌乃出獵渭濱，途中遇有釋犯武吉，詢其何以不投案伏罪。武吉說渭濱有一漁父，授以避脫之法。文王問漁父何名？武吉告以姓姜名尚，道號飛熊，文王大喜，令武吉引路前往。見姜尚童顏鶴髮，悠然垂釣，閒適自得。文王詢以政事。姜尚縱橫議論，如述家常。文王即親自推轂，迎之以歸，拜為上相。文王薨，姜尚輔佐其子姬發，會師伐紂，開啟周代八百年天下。武吉一角是由二路丑角飾演，在劇中起著重要的鋪墊作用。

《大名府》之阮小五。戴青羅帽、小領子、無髯口、穿青箭衣，綠馬褂、鸞帶、朝方靴、拿令旗。

77.《彩樓配》之老相公

說戲：這齣戲是《紅鬃烈馬》中的第一折。寫丞相王允三女王寶釧，夜夢紅星，見薛平貴有富貴之相，心中暗自愛上了這個花郎。當她奉旨在二月二日拋球選婿的時候，故意將彩球拋給了薛平貴。王允萬分生氣，堅決不予允婚。導致父女決裂，在府中「三擊掌」起誓出府。從此，王寶釧搬出相府，一進寒窰十八載，茹苦含辛度時光。該劇後經田漢先生整理，刪去了夜夢紅星，月老撮合等具有迷信色彩的情節，使《彩樓配》的愛情主題更為突出。劇中老相公一角由二路丑角飾演，自覺風流瀟灑，翩翩年少，也在二月二日彩樓前爭搶彩球，極盡醜態。是舊傳統正戲中的一把調味的「花椒鹽」。

《彩樓配》之老相公。此角非常發笑，
畫一臉鬍子根兒、戴文星巾、穿花褶子、
朝方靴、拿扇子。

78.《借東風》之童子

說戲：《借東風》是《全本群英會》中的一折。演孫權和曹操的軍隊在長江兩岸對峙，一場大戰，蓄勢待發。曹操派遣謀士蔣幹輕舟渡江勸降周瑜；周瑜集將士設「群英會」，誇耀軍容，同時偽造密書，任由蔣幹盜取。曹操誤殺蔡、張二將，周瑜解除了曹營水師的威脅。諸葛以孫、劉兩家協力破曹為重，幫助周瑜解決了施用火攻的時日問題，慌稱在南屏山設壇，借來三天三日東風助戰。為赤壁之戰最後的勝利創造條件。馬連良先生演此戲最為稱手，「習天書學妙法猶如反掌」一大段唱腔膾炙人口。劇中的童子立於壇前，沒有什麼戲，但卻不可不有。諸葛亮在棄壇脫身之際，還要命穿戴自己的衣冠，充當替身。此童由三路丑角飾演。

《借東風》之童子。戴孩子髮、穿青褶子、繫大帶、鞋子、抱寶劍。此角是二路小花臉扮演。

79.《簪纓會》之襄老

說戲：春秋戰國時，楚莊王滅了鬥氏一族，大宴群臣。特宣寵妃姜氏給群臣敬酒。姜妃姿容嬌好，體態輕盈，見之者無不目眩神奪。姜妃依次斟酒，來至一位小將軍唐狡面前，適值怪風驟起，燈火撲滅。霎那之間，唐狡一時失態，執其玉手不放，以為黑暗之中無人得見。姜妃心靈手敏，趁勢折斷他的冠纓。放在楚莊王面前，耳語以故。楚莊王怒而不發，傳令百官，將所有冠纓系數摘下，交納於前，與姜妃所摘之纓混在一處，宣布此宴為摘纓會。然後，命點齊燈火，君臣盡歡而散。事後，姜妃請查緝此事，莊王置而不究，愛惜將士，如此堪稱有道明君。襄老是唐狡的上司，劇中由丑角飾演，使全劇更生顏色。

《簪纓會》之襄老。戴獅子盔、四喜髯
口、勾老臉，拿金瓜錘，白靠、朝方靴、
與穆老將相同。

80.《嫁妹》之老鬼

說戲：鍾馗有個同鄉好友名叫名叫杜平，為人樂善好施，曾饋贈銀兩幫助鍾馗赴試。鍾馗因為面貌醜陋，而被皇帝免去了狀元。鍾馗一怒之下，在金殿前撞階而死。與他一同應試的杜平，為其收屍，隆重安葬。鍾馗死後做了鬼王，為了報答杜平生前的恩義，遂親率鬼卒，於除夕之夜返回故家，將妹妹嫁給了杜平。這就是著名的《鍾馗嫁妹》的故事。此劇源自崑曲。鍾馗化裝奇特，演員在肩膀和臀部上都要揎上草把子，以誇張形象。在表演中還要有噴火、耍牙、耍牙笏等一系列技巧。同臺中有一系列小鬼跟隨，有打傘的、有打燈籠的。其中的老鬼是挑送彩禮的。在行路一場，有「翻山」的表演，即從兩張桌子上翻下來。老鬼也要挑擔翻下，動作驚險奇特，故飾演者必須有好的功底。

《嫁妹》之老鬼。嫁妹戲中有五個鬼，
第一鬼如圖，戴白氈帽、白四喜兒，
勾老臉，穿紫花老斗，擔著喜酒。此
角用武丑串演。

81.《打櫵子》之劉二混

說戲：市井小民劉二混好賭成性，向舅父借貸，舅父不借，叫他出去打劫。二混躲在松林內，遇見一個獨行少婦，便出來打劫。少婦開始時很懼怕，包裹被二混劫去。後來，少婦發現了二混的弱點，用計誆得二混手中的櫵子，討回了包裹，還剝得二混的衣褲，揚長而去。這齣《打櫵子》是玩笑小戲，只是作為開場的熱鬧，由二、三路丑、旦或是小學員演出。假如飾演劉二混的工夫不到家，那麼旦角再強，也不會出彩。

《打櫵子》之劉二混。一此劇純係玩笑戲，劉二混一角更堪發噱，打不成人家，反叫人家打了自己。戴藍氈帽，一撮兒髯口，穿藍布褂、彩褲、拿櫵子。

82.《探陰山》之油流鬼

說戲：宋仁宗時大放花燈，與民同樂。富家之女柳金蟬隨家人逛燈，中途失散。深夜獨行，被無賴李保誘騙到家中，姦後害死。且移屍到書生顏查散家門首，嫁禍他人。地方枉斷顏查散死刑。包拯覆查案卷，以顏查散是一書生不似殺人罪犯，乃親自下到陰曹地府，檢查判官的生死簿。而簿上分明寫有柳金蟬被顏查散姦斃。包拯始終不信，私訪到陰山，發現柳金蟬的冤魂。經過戡問，始知兇手是李保乃是判官內侄。判官徇私舞弊，擅自更改生死簿。包拯大怒，憤而鍘之。乃顏查散還珀，鍘了惡人李保了案。戲中的油流鬼是個關鍵人物，是他目睹了判官私改生死薄的全過程。在包公探陰山的時候，出面作證，揭發了判官的不法行徑，方始真相大白。劇中油流鬼為二路丑角飾演，表演平平。五十年代，京劇院重排此戲時，改為頭牌武丑頭牌武丑飾演，添燈油時有一系列的高難動作，十分絕妙。

《探陰山》之油流鬼。戴蓬頭、穿袴
衣褲、繫大帶、快鞋，虎皮披肩、是
二等小花臉扮演。

83.《賣餑餑》之魏虎

說戲：《賣餑餑》是一齣打諢戲，並無情節可取。演的是一差人押解一個犯人，發配遠行。行經中途，稍事歇息。路旁有婦人擺設一個小攤，售賣餑餑饅頭。犯人正在饑渴之中，便搶過餑餑大嚼。婦人向他索取錢鈔，彼此調笑打諢，差役亦同之取樂，令婦人唱歌數折而散。後來，演出者把此劇附會到《紅鬃烈馬》之後。講薛平貴登基坐殿，把魏虎發配充軍，這一折戲就成了魏虎現世出醜的笑話。魏虎這一角色向來由丑角扮演，即滑稽可笑，又萬分可惡，道白為怯口、又唱吹腔，別有特色。戲雖小，但一般丑角演員多不能工。迄今，此戲已絕跡舞臺。

《賣餑餑》之魏虎。此戲或稱《魏虎起解》，（扮相）本是《寶蓮燈》之教書先生，戴甩髮、丑三髯口，面上畫眼睛、紅鼻子，穿富貴衣，繫腰包，代（戴）手銬，現在不見常演了。

84.《貪歡報》之張旺

說戲：故事講，梁山好漢宋江因為背生瘡痛，久治無效。派張順前往秦淮河畔，聘請神醫安道全前來看病。張順誤乘賊船，被截江鬼張旺劫去財物，並把張順推落江中。張順泅水上岸。見到安道全後言明來意。安道全正沉溺酒色，宿於藝妓李湘蘭家中，不予應允。而且大張盛筵，歡娛忘返，張順無計可施。恰巧嫖客張旺前來與李湘蘭幽會。張順大鬧妓院，殺死了張旺和妓女李湘蘭。並寫血書於牆壁，落上了安道全的名款。以此逼迫安道全前往梁山。劇中張旺是個吃喝嫖賭、荒誕不經的公子哥，終日眠花宿柳，慣在妓院中討營生，用丑角飾演最為恰當。自三十年代後期，此劇已絕跡舞臺。

《貪歡報》之張旺。戴荷葉巾、穿綠花褶子、懷抱大元寶、拿扇、穿鞋、此種扮相很多。

85.《新安驛》之店婆

　　說戲：劇情出自《文武香球》，女英雄張桂英與龍官寶訂有婚姻，奈何龍官寶下山之後，不見歸來，張桂英惦念不忘，假扮男子下山訪尋。路過新安驛，住宿客寓之中。客寓母女二人平素倚仗喬裝強盜，殺人越貨為生。是日，店婆見張桂英隨身攜帶盤纏甚多，就用蒙汗藥酒把桂英醉倒。然後，令其女入室打劫。不想女強盜見張桂英面貌嬌好，遂生愛慕之心。便解去男裝，露出女相，用清水將張桂英噴醒。其母代女做媒，張桂英含糊允之。彼此又略較武藝，張桂英無一不精，女強盜更為滿意。入洞房之後才發現桂英是一女流。張桂英詳告來歷，始知陰陽倒錯。店婆為彩旦應工，表演中時善時惡、首鼠兩端，頗為吃重。

　　《新安驛》之店婆。是角亦係彩旦，一路為丑扮、臉上不擦粉，倒梳老旦冠兒，穿袄子或藍布褂兒，亦可青坎肩，繫白汗巾、頭一場肩扛招子，上寫「新安驛」，係店名。

86.《洛陽橋》之丑加官、夏德海、王八精

　　說戲：宋朝狀元蔡襄黃榜高中之後，為母親還願，捨金修建洛陽橋，以利
行人。但海濱風濤險惡，不能施工。遂張榜招募公人前往龍宮投文，以求幫助。
公差夏得海誤而應徵。眾人將其送至海灘，其醉臥不醒，恍惚之間為海神引入
龍宮。龍王知其來意，當場批了一個「醋」字。夏得海捧歸覆命，蔡襄仔細勘
破字義，認定是龍王已答應讓他們在「二十一日酉時」動工。果然，如期動工
之時，天高氣爽、風平浪靜，橋椿一夯即下。不日，洛陽橋落成，居民百姓扮
燈唱戲，狂歡慶祝。劇中多種靈怪出場，皆由丑角飾演，插科打諢、載歌載舞，
寓莊於諧，圖個吉祥。

《洛陽橋》之丑加官。
倒戴相貌，穿女莽，朝
方靴，手拿香扳。余將
此圖列為第一，願吸煙
諸公加官進祿。

《洛陽橋》之夏德海。
戴皂吏帽，穿藍布箭衣，
繫大帶、快靴子、公文。
此圖是別家時的神情。
北平張文彬、江南王鴻
茂稱拿手。

《洛陽橋》之王八精。
戴王八鬚、藍花布包
頭，打結子，穿茶衣、
腰包，拿手鑼，此圖是
領賞銀時的身段。

87.《打灶》之灶王

說戲： 明季市井有田氏兄弟三人，共同居住祖傳大宅院內。一向是兄賢弟敬，和睦相處。院中有一株紫荊樹長得枝繁葉茂、濃蔭匝地。唯田三之妻李三春刁鑽刻薄、自私自利，終日勸夫分家。田三軟弱，禁不著挑撥，來與兩兄合計分家。兩兄不允，李三春就日哭夜鬧，無處發洩，遷怒灶神。一日，她假裝瘋魔地拷打灶神，打碎了灶君像。兄嫂被攪不過，不得已答應分家。庭院中的紫荊樹竟然枝萎葉落，就要枯死。兄弟們頓悟其理，於是分而復合。這株紫荊遂又重新復活，枝葉更加茂盛。李三春羞愧難當，自責不已。劇中灶王由丑角飾演，抱牙笏、走矮子，身後有一丑扮的待從為其打傘，寸步不離、緊緊相從。在李三春拷打灶王時，待從一力為灶王遮掩，忠實可愛，笑料百出。

《打灶》之灶王。戴相貂，雙翅立起，穿海青官衣，拿香兒做牙笏。臉上擦鍋煙子，身後一小鬼。

88.《海潮珠》之王子

說戲：春秋戰國時，齊國宰相崔杼之妻棠姜，豔美傾城。齊莊公與她私通，被崔杼察覺。崔杼心中憤恨，萌生異志，意欲謀國，並賄賂內侍賈豎充作內應。一日，莊公大宴群臣，崔杼託病不往。賈豎密報說，莊公宴畢將順道探看相國的病情。崔杼乃令棠無咎帶士兵埋伏於內，又令東郭偃及二子崔成、崔疆埋伏在大門以外，約以鐘鳴為號，一起衝出，刺殺莊公。未幾，莊公至，崔杼故遣棠姜豔妝出迎。莊公見之，早已神魂顛倒。未及交言，棠姜使匆匆入室迴避。莊公倚檻癡待，竟忘卻探病而來，還作了首《望美人》之歌。其歌未竟，左右刀兵驟起。莊公破門而逃，登上園樓躲避。棠無咎引兵士圍樓，莊公哀乞不已，終被無咎所殺。

《海潮珠》之王子。戴草王盔，無翎子，
蒼滿（即花白髯口），穿女蟒，朝方靴，
玉帶。小花面、二花面均可唱。

89.《群英會》之蔣幹

說戲：曹操率軍南下攻打東吳，雙方對峙於長江兩岸。諸葛亮力主聯吳破曹，出使東吳為周瑜參贊軍務。周瑜忌才妒能，總想除之。一日，周瑜故友蔣幹過江，周瑜料知它是為曹操做說客，勸降而來，故設群英大會宴請蔣幹。席間，周瑜佯醉，與蔣幹同榻而眠，誘蔣盜去假造曹營水軍都督蔡瑁、張允的反書。曹操中計，怒斬蔡、張二人，為東吳除去一大隱患。故事取自《三國演義》「火燒赤壁」一節。《蔣幹盜書》是《群英會》一節。蔣幹由文丑應工，此角以蕭長華演得最為稱手。1957 年北京電影製片廠將全劇拍成電影，由譚富英，馬連良，葉盛蘭，裘盛戎，袁世海等名家連袂合演。蕭長華古稀之年飾演蔣幹，為全劇十足增色。

《群英會》之蔣幹。此角名為方巾丑，身段做工最難，並且說白講究字眼兒，非有實授不可戴荷葉巾。黑八字吊搭（即髯口），素綠褶子，鬆絛子，朝方。

90.《打麵缸》之四老爺、王書吏

說戲：妓女周臘梅因為厭棄了行院中的生活，來到縣衙告狀，意欲從良。縣官當堂將她斷與衙役張才為妻，斷後又深為後悔，就派遣張才赴山東公幹。是夜，縣官一人前往周臘梅家中，想占點兒便宜。不想四衙與王書吏亦不約而至，因各懷鬼胎，便相互躲避。三人分別藏到灶塘、麵缸和木床之下。不久，張才趕回，揪出了三人，分別敲索了銀子，還剝去了縣官老爺的官衣，一同逐出門外。這齣戲出自《古柏堂》傳奇，對舊時官吏極盡刺貶諷刺。全劇用「南鑼」小曲，並經常穿插串唱曲藝雜耍，火爆一時。圖中二丑皆由二路丑角飾演。

小花臉戴元紗，白四喜兒（即聲口），穿青官衣，無補子，玉帶或穿青褶子，朝方。後場打著燈籠（如圖）。

《打麵缸》之王書吏。二路角扮，戴三郎巾或高方巾，丑三聲口青褶子，拿翎扇，繫條子，有穿福字履鞋的，有穿朝方的。

91.《五花洞》之吳大炮、武大郎

說戲：《五花洞》源自清季「昇平署」劇目，是依《水滸》人物加入神話色彩，敷衍而成的鬧劇。故事講：「五毒」中的蜈蚣、蠍子、壁虎、蛤蟆、毒蛇，在五花洞中修煉成精，它們恨張天師，專門與之作對。便遣蠍子與壁虎，前往京都滋擾取鬧。途中，二妖遇見了武大郎帶妻潘金蓮到陽穀縣尋找弟弟武松。於是，二妖就變成了一對假的武氏夫妻，擾在一起相戲。四人相對而視，相貌言語相同，真假難辨。因之相扭到陽穀縣縣衙申告。彼時，人妖混雜，縣令吳大炮難以判斷。正好包拯巡查至此，就地升堂審問，命王朝馬漢用照妖鏡一照，二妖顯出原形，倉皇遁去。天師張傑趕到，問明原委，追至五花洞，將五毒精悉數擒獲。武大郎由武丑應功，因為走矮子一通到底，而且是兩個、四個，甚至八個同臺，比著較量，就更吃功力了。

《五花洞》之吳大炮。戴元紗，丑三髯口，紅官衣，走矮子。當年高四保常扮此角。

《五花洞》之武大郎。戴藍氈帽、穿茶衣、打腰包、黑八字髯口。手提油條，此乃進廟時之身段。

92.《小上墳》之劉祿敬、皂隸

說戲：戲中，劉祿敬進京趕考得中，遂聽鼓京華，欲歸不得。過了好幾年，才補上一個縣缺。其妻蕭素貞在家，以劉祿敬久客不歸，杳無音信，懷疑他已去世。而家境蕭條，親朋絕跡，不得已以針黹度日，忠貞相守。劉祿敬上任思念妻室，途中歸省，祭掃父母的墳墓。時值清明，蕭素貞也來祭掃，一身縞素，攜麥飯紙錢在荒冢痛哭。二人相見相互生疑。祿敬遣散僕從，趨問姓氏，果是己妻。不不禁涕淚縱橫，上前相認。蕭素貞見其老態，已非年少，心中猶豫。劉祿敬乃細述家中瑣事，不差毫釐。蕭素貞疑團始解，相抱大哭。二人各訴衷腸，百感交集，隨後乘驢赴任而去。全劇由小丑、花旦飾演，載歌載舞，詼諧可愛。沒有基本功的演員是很難勝任的。

當年趙仙舫的拿手戲。若非實授不能唱。身段很多，唯有此戲戴方紗，不戴元紗，用意何在則不知。丑三髯口，穿紅官衣，補子、玉帶、朝方。

《小上墳》之皂隸。戴紅皂隸帽、白四喜兒髯口，穿藍布箭衣，繫大帶，於拿竹板。

93.《請醫》之劉高才

說戲：這齣小折子戲出自崑曲《尋親記》，名為《請醫》。講一家客店主人名叫老王，因店中住有一對男女客人。男客名叫周瑞隆，忽然抱病不起，女客分外著急，請老王幫助請醫。老王知道村中有一位醫生名劉高才，即前往延請，為周瑞隆診治。全劇自老王請醫始，直到診畢送劉高手出店為止，中間全是插科打諢，諷刺窮鄉僻壤中的庸醫，此外別無情節可言。劇中兩丑科白問答，均以崑劇為藍本，個別人演來，亦多有發揮。舊日上海此劇以李百歲最為擅名。挖苦庸醫之處，淋漓盡致。

《請醫》之劉高才。當年羅壽山、趙仙舫均稱拿手好戲。罵盡庸醫，令人發笑，扮像如圖。

94.《打花鼓》之大爺、王八

說戲：這是一齣小旦、小丑的玩笑戲。是從崑曲《綴白裘》中《花鼓》
一劇移植而來，以民間小調和身段道白見長。崑曲的頭一幕，原是一家小姐
曹月娥與婢女朝露在花園戲耍。恰巧有一對鳳陽夫婦，敲打著鑼鼓，沿街賣
唱，把這一對主婢驚散。而京劇中則無此折，一開場便走出一位自稱大爺的
醜公子，閒中無事，街頭游蕩。遇見了一對打花鼓賣唱的鳳陽夫婦。這位大
爺見鼓婆有些姿色，就上前打諢，又邀他夫婦到家中演唱。大爺一時興起，
與花鼓夫婦唱到了一處，而且一邊唱，一邊調笑，醜態百出，笑料無窮。《綴
白裘·花鼓》刊印後，眾多《花鼓》以及《鮮花調》曲本紛紛出現，逐漸成
為徽調、崑曲、弋陽腔的傳統劇目《打花鼓》，戲中的大爺一角，屬鞋皮丑
應工。

《打花鼓》之大爺。戴棒錘巾，無聲口，
穿綠花褶子，朝方靴，拿扇子，此圖係付
賞錢時的身段。

《打花鼓》之王八。戴王八鬍、藍花布包
頭，打結子，穿茶衣腰包，拿手鑼。此圖
是領賞銀時的身段。

95.《戲迷傳》之戲迷

說戲：此劇專以模仿演唱諸位名伶腔調，為其佳處。並非專演某朝某人某事之戲，也沒有什麼劇情可表。演的是一位戲迷，平日走火入魔，在家中獨自串戲的故事。舊劇中一些演員為了推陳出新，別創一格，賣弄技巧，而依己到長特意編排一齣玩笑戲。據考，此劇乃上海名伶呂月樵所創在先。呂月樵嗓音頗好，善能摹仿諸名伶聲口，如譚鑫培、汪桂芬、孫菊仙、朱素雲等，而且於鬚生、花臉、青衣、小生，無所不能。故而超越常軌，創編此劇，來表現自己。不想一炮而紅，凡有此等本領的頭牌大角，都紛紛傚仿賣弄。以至高慶奎、恩曉峰、小小叫天等亦常貼演此戲。

《戲迷傳》之戲迷。高慶奎此戲很紅。高方巾、丑之鬀口，穿青褶子，繫條子，高筒襪子，福字履鞋子，拿破芭蕉扇。凡演此戲者，必便能學唱各派腔調。否則難得討好。

96.《探親》之傻小子、鄉下媽媽

說戲：《探親》也稱《探親相罵》。故事說：鄉下親家母胡媽媽背著口袋、騎了牲口，到城中女婿家探望女兒野花。野花見了娘親，便訴說一番在婆家的苦處。等到和城裏親家母李奶奶見面以後，一村一俏，處處都顯出相形見絀的情形。談吐當中，胡媽媽時不時地被李奶奶嘲笑和奚落。當談到野花蠢笨的時候，李奶奶苛求責備，胡媽媽卻處處庇護。於是，引起了一場熱鬧的相爭相罵，最後，落了個不歡而散。據考，此戲以劉趕三飾演的鄉下媽媽時稱一絕。迄今，留有一張他騎著真驢做戲的照片，神情呼之欲出。而傻小子一角扮的乃是鄉下孩子，沒見過什麼世面，楞頭楞腦，憨得可笑。

《探親》之傻小子。扮相與鐵蓮花傻小子同，戴氈帽頭，身穿胖袄、紅彩褲。二路角色唱的。

《探親》之鄉下媽媽。梳高冠頭，穿藍袄子、彩褲、大紅襪子鞋。此圖是相打時之神氣。

97.《審頭刺湯》之湯勤

說戲：故事出自《一捧雪》傳奇。寫明代嚴嵩父子當政之時，嚴世藩為了貪奪稀世奇珍玉杯「一捧雪」，而迫害忠臣莫懷古。惡奴湯勤賣主求榮，檢查告發，害了莫府全家性命。並且，希圖霸佔主人的妻子雪豔。遂把雪豔和假莫懷古的人頭押進京城，交付錦衣衛審問。錦衣衛指揮陸炳是莫懷古的好友，他識破了湯勤的毒計，故意將雪豔斷給了陪審的湯勤為妾，並暗示雪豔在洞房中刺死湯勤。雪豔領會了陸炳的意思，果然在洞房中刺殺了酒醉的湯勤，為莫家報仇雪恨，自己也自刎而死。劇中湯勤一角必便是一等一的大丑飾演，唯蕭長華所演湯勤最為稱道。

《審頭刺湯》之湯勤。此角與蔣幹同一難處，若非實授不敢上臺，一切身段均有一定地方。其份像戴圓紗，黑八字吊搭，紅官衣補子、玉帶、朝方。

98.《下河南》之胡公子

說戲：明朝末年，國舅胡環之子胡倫，即口吃又駝背，醜不可言。一日清明郊遊，他看見正在掃墓的少女程玉鳳生得貌美，想娶之為妻。歸後，託田媒婆前去說親。媒婆鼓簧弄舌，吹噓勸誘，程家不知實情允之。相親時，胡倫深恐事敗，就令闖王之子李洪基代替。洪基生得一表人材，果然中選。但行事不密，實情洩漏，程家拒婚。胡倫乃率眾搶親，雙方發生械鬥，鬧進了官府。恰好闖王親自審案，見胡倫舉止齷齪，與程家小姐難以相配，遂將程玉鳳判與自己的兒子李洪基為妻。劇中的胡公子是個愚蠢可笑的角色。他的行體殘障，而仗著父親的權勢作威作福；胡的丑行貫穿全劇，演來吃重，非名丑不可為也。

《下河南》之胡公子。此是頑笑戲，扮像奇特，截捧錘巾，綠花褶子，朝方。駝背，撬手跛腿，非常發笑。現在蕭長華最稱拿手。不實授不敢冒昧上臺。

99.《相良》之萬家春

說戲：故事寫東漢梁冀專權，圖謀弒君篡位。清河王劉蒜避禍潛逃。梁冀派人追殺，趕至湖畔，用箭誤射鄔姓漁翁致死。劉蒜被鄔女飛霞所救，藏在漁舟之內，避過大禍。二人於患難之中訂下百年之好。後來，鄔飛霞混入梁冀府，用神針刺死梁冀。劉蒜稱帝後，封她為皇后。《相梁》則是寫梁冀朝罷回家，路遇相士萬家春，萬見梁冀氣色不正，告以三日之內必有人來行刺。梁信而不疑，閉門不出。鄔飛霞為報父仇，冒充歌姬馬瑤草混進梁府刺死梁冀。梁府家人又請來萬家春，推算是何人所害。萬家春同情鄔飛霞，二人一同逃走。萬家春一角乃蘇丑應工，但要走矮子，身為相士，更講究口白，非名丑而莫能為也。

《相良》之萬家春。此劇是崑曲《打魚藏舟》中一段，身段很難做。戴荷葉巾，黑四喜髯口，穿青褶子，繫絛子，走矮子，演此戲很吃力。

100.《頂花磚》之大爺

說戲：《頂花磚》一劇講：大比之年，秀才常天保遇見拜弟周子勤，二人相約一同赴京應試。常天保懼怕其妻，不敢冒然前去。周子勤就嘲笑他，勸他擺起大丈夫的架子，去教訓教訓他的媳婦。常天保也深覺有理，鼓足勁頭回了家。但是一進家門，看見老婆又生畏懼。而且，不自主地把前前後後的事兒都說了出來。妻子一聞大怒，罰他跪下頂花磚。周子勤來到常家，一見這種情況，進退兩難，就硬著頭皮相勸。常妻更怒，攆周出門。周又教常天保打他的妻子，常天保還未動動手，常妻就倒地假死。周子勤故意要焚燒她的屍首，常妻嚇得站了起來，滿口答應了讓他二人一起進京赴試。早年間，田桐秋把此劇演紅。後來，成為富連成小學員們的開蒙戲，為博觀眾一笑。

《頂花磚》之大爺。此係頂磚一場，
茶衣腰包，前場穿褶子，此是頑笑戲
一流，現在演的人很少。

101.《絨花計》之槽頭栓

說戲：富戶崔華之的妹妹秀春自幼指腹為婚，許嫁鄧文煥，崔華嫌鄧家家貧，一直想悔婚。一日，鄧文煥持絨花到崔家門外叫賣，秀春見到，私自贈他銀兩，叫鄧文煥大膽投親議婚。崔華不允，強逼文煥退婚。崔家長工崔八不平，假助崔華逼寫婚書，暗中相助鄧文煥前往縣衙控告。崔華令崔八攜銀到縣中行賄，崔八知道秀春已逃往鄧家，故請縣官票傳秀春，又誆崔華使二妹麗春冒名到衙應訟。鄧家這邊也讓文煥的弟弟冒名過堂。麗春在堂上把真情洩露，縣官乃判秀春嫁與文煥，麗春嫁與文煥之弟，並以行賄之銀充作妝奩。此戲經趙慧琛改編為《三不願意》。圖中丑角飾演的槽頭栓一角，在新改的演出本中已無這一人物，但舊本又無流傳，因之無考。今刊之於此，僅供存考。

《絨花計》之槽頭栓。此是小花臉正角，當年劉趕三最稱拿手。所穿之富貴衣是私行頭，後臺箱無此衣，拿破扇子，戴氈帽。

102.《丑表功》之鴇兒

說戲：京都有一妓院的老鴇子，名叫萬人迷。平日所雇的鱉腿名叫鴇兒，因做事懶惰，又不聽使喚，特地喚出來教訓。不料鴇兒不服，反而自稱有十大汗馬功勞。因此爭吵起來。幸好為鴇兒做薦保的教書先生前來解勸，雙方才歸於平和。萬人迷與鴇兒算清前賬，找給大錢二百文後，將鴇兒辭退出門。此劇毫無情節可言，更無史料可考，全是插科胡鬧，無非是些老鴇烏龜拆姘頭之類的笑話，是一齣丑角的打鬧戲。此劇李百歲最稱拿手，在二、三十年代轟動一時。不少丑角仿傚，越演越粉，幾乎到了有傷風化的地步。後為政府明令禁演，此戲遂絕。

《丑表功》之鴇兒。當年張黑演此戲，頭戴小涼帽，丑三髯口，穿袴衣，繫白鸞帶，快靴，手拿笤籮。唱一段二簧原板，很可笑。江南演此戲身背一王八蓋（如圖）。

103.《小放牛》之牧童

說戲：這是一戲小旦、小丑歌舞小戲。寫的是青山綠水，春郊日永，一個牧童放牛郊外，與一沽酒的小女孩相遇，兩小無猜，度曲調情。輕歌漫舞之際，別有一種情致。

《小放牛》之牧童。故伶王長林最拿手，因他武丑出身，腰腿靈活，身段好看。穿茶衣、腰包，拿馬鞭、橫笛。

104.《雙鈴計》之賈鬍子

說戲：《雙鈴記》也稱《馬思遠》。這齣戲的故事講王龍江之妻趙玉，私通貨郎賈明，害死本夫，被甘子謙看破。趙玉大鬧馬思遠茶館，訛詐要人（因王龍江在馬家茶館工作，死後自不能上班，趙玉倒打一耙去茶館要人），一直到上舒明德，全案大白，趙玉騎木驢遊四門上法場為止。這是小翠花的一齣拿手好戲。丁秉燧《菊壇舊聞錄》記述此戲時說：「除了調情那些煙視媚行的表情以外，在公堂受審一場，一上夾棍，立刻臉上變色，那種內心表演的深刻，真是無與倫比。配以馬富祿的賈明，油頭滑腦，動手動腳，活脫一個淫棍。」因此景孤血此戲稱為「血粉戲」，謔稱馬富祿為「性丑」。解放後，此戲被列為禁戲。

《雙鈴計》之賈鬍子。穿時裝便衣，
如圖背櫃子，拿搖鈴，戴哈哈笑鬍子。
趙仙舫、李敬山最拿手。

105.《吊金龜》《行路哭靈》之張義

說戲：大宋年間，貧民張康氏有兩個兒子，長子張宣，次子張義。張宣赴試得中，攜妻赴任，一去不歸。張義在孟津河下釣魚供養母親。一日釣得金龜一隻，屙金尿銀，視為奇珍。張義奉母命攜金龜到祥符縣去找尋哥哥。及至署中，被惡嫂王氏害死。張康氏自次子動身之後，倚閭而望，久無音信。一日夢見次子七孔流血，驚疑不已。於是長途跋涉，奔至祥符，訪查次子下落。與長子張宣晤面之後，始知次子果然身死，悲痛萬分。夜宿靈柩之旁，張義鬼魂託夢，將惡嫂如何設謀，被害身死，訴於母親。張康氏赴衙告狀，包拯為之伸雪了冤情。劇中張義一角，屬茶衣丑應工。

《吊金龜》之張義。穿茶衣、繫腰包，此圖係砸金龜時的身段。唯壽山同冀雲甫演此劇最稱拿手。

《行路哭靈》之張義。凡魂子均戴鬼髮（即白紙條），此臉譜當勾七孔流血，戴甩髮、茶衣、腰包。此是行路見娘時的身段。

106.《黃一刀》之山東兒

說戲：這齣戲是從傳統戲《草橋關》一劇敷衍出的一段小故事，並無確考。寫姚剛打死太師之後，姚期綁子上殿，承蒙劉秀不斬，發配邊關充軍。路過黃土崗，遇一惡霸名叫黃一刀，他借開肉鋪欺壓百姓。姚剛路見不平，與馬清、杜明一起大鬧肉鋪，除掉了黃一刀兄弟，把黃土崗改名惡虎莊。劇中山東兒操怯口，帶一字髯口，勾白方塊，因為他有一定的武工，故由武丑或捧打花扮演。開打起來，也要有一定的身手。這一角色上場時袒露上身、繫圍裙出場，從扮像上要求演員肥胖為佳。但一般武丑都身輕體瘦，怕胖了縮功。所以，貼演此戲的武丑不多，多為捧打花演出。解放後，此戲絕跡舞臺。

《黃一刀》之山東兒。黃一刀是戲久不見演唱了，此角用武丑扮演。戴一字髯口、大紅彩褲，繫圍襯，盤辮子。道白學山東口音，很發笑的。

107.《盜魂鈴》之豬八戒

說戲：唐三藏師徒四人往西天取經。一路行來，消滅妖魔無數。一日行經一山，三藏命八戒前行探路。八戒見山崗上茅屋數間，有年輕女子坐在門前嬉戲。八戒生性好色，遂與之調逗，藉口乾渴，乞取茶水。這女子乃是妖怪化身，將其邀入內室。蓄有寶鈴一個，舉手搖動，可以攝人之魂，放在桌上光芒四射。八戒知是妖怪之物，但已進妖怪之門，抽身不得。就胡編濫唱了幾段京劇。乘女妖不備，將鈴盜出。女妖拼力追趕，八戒幾為所困。幸行者趕至，戰退女妖，把八戒救了回來。這齣戲無甚情節是伶人濫編之作。但每每貼演，場場客滿，推其緣故，本應武丑飾演的豬八戒，皆由鼎鼎大名的文武老生串演，魔力深入人心。譚鑫培中年時，演出此戲最為拿手，就其所能，隨意演唱，賣弄噱頭。

《盜魂鈴》之豬八戒。豬八戒的戲很多，
均是小花臉扮演。因盜魂玲純乎是賣唱，
所以老生亦扮演。普道當穿青僧衣，私
房行頭穿青褶子，高筒襪子。

108.《打魚殺家》之教師

說戲：這齣戲是《水滸後傳》上的故事。英雄蕭恩與女兒桂英隱居江湖，打魚為生，以避亂世。一日，故人李俊和倪榮來訪，三人在舟中同飲。恰巧，土豪丁自燮派遣丁郎前來催討魚稅，受到李、倪二人的斥罵。丁郎回府報知，丁自燮又派看家護院的大教師至蕭家索要，被蕭恩痛打而逃。事後，蕭恩到縣衙申訴，被縣官呂子秋責打了一頓。蕭恩忍無可忍，帶著女兒桂英黑夜過江，假裝奉獻慶頂珠為名，闖入丁府。殺死土豪丁自燮全家，報仇雪恨。劇中的丁郎是個家奴，來回傳話，不甚吃重，一般由二、三路丑角扮演。而教師爺一角，狐假虎威，色屬內荏，一派奴下奴、欺軟怕硬的嘴臉，演來必須火勢，方能使全劇生色。因之，歷來為名家飾演。

《打魚殺家》之教師。當年麻德子、王長林扮演最得神現。盧慶元也很不錯，其扮相戴卷沿帽，披著衣服，斜眉立目，表出一種牛皮大王的情形，令人好笑。

《打魚殺家》之丁郎。頭戴紅纓帽，身穿籃布箭衣，繫大帶、肩扛雨傘包裹。此乃催討魚稅之身段。

109.《李家店》之孫利

說戲：《李家店》故事出自《彭公案》。彭朋被奸臣武文華彈劾，被罷掉官職。綠林英雄白馬李七侯心中憤恨，報打不平，廣集綠林豪傑，一起商議，要幫助彭朋復職。鏢客黃三太命計全拿著自己的金鏢作為信物，向各路綠林英雄借貸銀兩，眾人紛紛解囊相助。行至河間竇爾敦處，竇爾敦非但不借，而且把計全痛斥了一頓。計全歸來報知，兩家生隙，黃三太遂與竇爾敦在李家店比武。竇爾敦武藝高強，黃三太不能取勝，暗使金鏢打倒了竇爾敦。爾敦愧憤而去。從此兩家結下仇恨。劇中孫利由武丑應功，在黃三太與竇爾敦比武一場，前後穿梭竄掇，有不少身段動作，也是個滑稽討好的角色。

《李家店》之孫利。此角本來是滑稽很，扮相也奇怪。戴青羅帽，用繩繫起如圖。丑三髯口、穿黃箭衣，朝方靴，臉上畫一小黃三太的臉譜，很可笑。

110.《打沙鍋》之曹老西、胡倫

說戲：宋代市井細民胡倫不孝，一日與父胡成發生口角，憤而出走。胡成上街追趕，不小心撞在了曹老西的砂鍋挑子上，把砂鍋悉數打碎。老西扯住胡成到縣衙打官司。老西告胡成打碎砂鍋，胡成則狀告兒子不孝。偏偏遇到了一個糊塗縣官，誤以鍋販老西當成逆子胡倫。一怒之下，將其在堂前杖斃。此戲向例由丑角一人兼飾胡倫、縣官二角，拉扯鬥嘴之間，演出無數笑料。這齣戲也是丑角的開蒙戲，故而所有丑角演員都會，但經常演出的不多。多為墊戲或帽兒戲上演。

《打沙鍋》之曹老西。臉上抹鍋煙子，戴氈帽頭，穿藍布衫，繫搭包，肩擔沙鍋擔子，道白學山西口音，非常好笑，可惜近年不常演唱了，北平尚有唱的。

《打沙鍋》之胡倫。戴藍氈帽，穿藍布衫，繫大帶，拿摺扇，無髯口，當年趙仙舫最稱拿手。

111.《落馬湖》之于亮

說戲：此劇為《施公案》中一折，演施世倫親率黃天霸等英雄，同往殷家堡擒寇。歸時分頭而走，途中，施世倫為落馬湖水盜所擒，寨主鐵臂猿猴李佩欲將施公殺害，幸被李大成設計保全。他將施公藏匿山洞之內，日日供以茶飯。因是早年李大成為布商時，在淮揚曾被強盜劫掠。幸虧施公遣黃天霸捉拿了強盜，李大成始得歸鄉。不意二次經商，又被李佩所擒。李佩見李大成誠實可信，就認為子侄，留在寨中，管理雜務。此次施公被擒正好發落在李大成手裏，因而得救。施公雖然得以保全性命，但仍無力出險。一日恰值李佩生日，李大成出湖買辦一切，適遇黃天霸正在訪尋施公。李大成遂與通款接洽，備告一切，並指點入湖暗號。黃天霸隨率眾殺入落馬湖，救出施公。于亮是李佩手下的一個弟兄，為人兇惡奸狡，且有武功，為武丑飾演。

《落馬湖》之于亮。戴豬尿胞皮，魚白包頭，打結子，穿袴衣，褲外罩紫花老斗。勾歪臉譜，一種兇惡的樣子，用二路角色扮演。

112.《盜銀壺》之惡童

說戲：這齣戲的情節無考。內容講南宋時期，北主派遣黏龍、木虎至宋營探聽軍情，順路兼買美女。宋元戎楊存中偶得一夢，召張定前來詳夢，並設宴款待。宴間有一柄稀世銀壺深為張定喜愛，楊存中便借他一用。張定把銀壺帶回家中，為飛賊「海空飛」丘小義盜去。張定失壺，無力賠償，只好將女兒賣與黏龍。趕至太保廟以告妻女，全家悲泣不已。丘小義聞知，挺身而出，承認自己所為。並且當場撕毀賣身契約，趕走黏龍、木虎。然後隨張定一同到楊府還壺。楊存中知道小義是個有名的飛賊，想試試他的技藝，令他再一次盜銀壺，並且親自帶領僮僕看守，但終被丘小義用計將壺盜去。丘小義一角是以頭牌武丑應功，在盜壺一場，特別展示演員的工夫。惡童是二、三路丑角飾演，在臺上兩隻眼直勾勾地盯住銀壺，憨得利害，著實令人可笑。

《盜銀壺》之惡童。此圖是看守銀壺時
的身段。畫兩隻大眼睛，以表其用心看
守，結果仍然被盜，可笑之極。穿青褶
子，戴青羅帽，用繩繫起（如圖）。

113.《通天犀》的酒保

說戲：《通天犀》描寫英雄青面虎許世英不記前仇，搭救十一郎的故事，是《白水灘》的續集。演十一郎在白水灘一時粗心，誤助官兵打敗了青面虎許世英。不料官府陷害，誣其故意放走許世英，因此致禍。他的主人程老學也被問罪發配。程老學在起解途中，正好遇到許世英的妹妹許佩珠下山。許佩珠殺死解差，把程老學救到山寨。許世英在詢問程老學起解情由時，得知十一郎已被問成死罪，即將處決。一聞此訊，義憤填胸，當即改扮下山，劫了法場，把十一郎救回山寨。劇中的酒保與一般戲中的扮相無二。酒保在侍候客人時，上、下樓，變杯盞、上酒罐，倒酒、翻身仰脖喝剩酒等噱頭，幾與《景陽崗》相似。一般由二路丑角飾演。

《通天犀》的酒保。此圖是上樓梯回首
一看的神氣，大概酒保均係此種扮像，
茶衣，腰包，藍氈帽。

114.《虹霓關》之孝子

說戲：秦瓊奉官府派遣，率兵攻打虹霓關，守將辛文禮出關迎戰。武藝不敵，被王伯黨用箭射死。辛文禮的妻子東方氏為夫報仇，陣上擒獲王伯黨。但一見王伯黨英俊無比，遂生愛慕之心，命丫環作說客，叫王伯黨允婚，她便率部降順瓦岡。王伯黨假意應允，在洞房花燭夜，王伯黨指斥東方氏不為丈夫報仇，其心不貞，當是淫亂之婦，遂用劍殺死了東方氏。此劇又名《東方夫人》。孝子一角是在辛文禮死後上場，披麻戴孝大哭大鬧，一般由二路丑角飾演，開雙份錢。

《虹霓關》之孝子。穿孝衣，拿哭喪棒，戴孝帽，丑三聲口，凡扮此角者，後臺另給一筆彩錢。此戲如趙仙舫、張文斌均稱拿手。

115.《連升三級》之店家

說戲：明朝時，徐州沛縣有個年輕的讀書人名叫王明芳。家境貧寒，但從小就刻苦念書，不到二十就考中了秀才。這一年王明芳進京科考，等待發榜之時，已經身無分文。為了安身，投到連升店中居住。店主是個只認衣服不認人的勢利眼，一見王明芳貧寒，便拿他打趣開心，一味地嘲笑戲弄。直到報錄的到來，得知王明芳得中，店家馬上換了一幅嘴臉，一味趨迎奉，判若兩人。接著，王明芳又殿試得中，被皇帝選拔為翰林院庶吉士。接著吏部差官也來到連升店，傳諭王明芳以進士第欽放江南提學道。如此連升三級，窮秀才一下子當了人上人；而神氣一時的店主人，也一下子矮了三截，成了仰人鼻息的奴才。反而要求王明芳賞碗飯吃。其間的人情冷暖、世態炎涼在這齣小戲中俱已演盡。連升店主人由文丑應工，他的表演全憑道白和做派，勾畫出一幅絕妙的世相圖。

《連升三級》之店家。此戲唯趙仙舟年
最有趣，因他胸中有點學問，演此戲比
別人勝強百倍。

116.《二龍山》之小和尚

　　說戲：此劇出自《水滸傳》，演的是武松自從血濺鴛鴦樓之後，畏罪逃避，意欲前往二龍山，與魯智深合夥聚首綠林。武松一路行色匆匆來至蜈蚣嶺，遇一家老僕慌不擇路，急遽而行。武松牽裾問其緣故。老僕告知主人張志善家小姐在此掃墓，被山中三清觀住持王飛天強搶而去。武松聞言勃然大怒，抱打不平，要為民除害。於是單身入山，闖入三清觀，與王飛天格鬥，憤而殺之。放火燒毀了巢穴，將張小姐救出，交與老僕送回家中。自己逕往二龍山而去。劇中的大眼和尚，乃三清觀中的小嘍囉，在王飛天手下看門巡哨。戲不多，挺滑稽，由二、三路丑角飾演。

　　《二龍山》之小和尚。臉上勾糞門，
很可笑。所以叫大眼和尚者。戴僧帽，
穿茶衣，腰包，背行李。

117.《翠屏山》之潘老丈、小和尚

說戲:《翠屏山》是《水滸傳》中的一段故事。寫的是楊雄與石秀意氣相投,二人結拜兄弟。楊雄出資使石秀開設肉鋪。楊雄之妻潘巧雲與和尚裴如海私通,被石秀發現,遂告訴了楊雄,楊雄不聽。一日楊雄醉歸,潘巧雲和丫環迎兒反誣石秀調戲了她們。楊雄不察,與石秀絕交。石秀與潘巧雲反目,憤憤離去。是夜,石秀夜殺裴如海,取得證據。楊雄開始明白原委,定計誆潘巧雲和迎兒來至翠屏山,在荒墳野冢之中勘問姦情。潘巧雲和迎兒恐懼不已,說出淫亂之事。石秀逼楊雄殺死了主婢二人。劇中潘老丈乃潘巧雲之父,老邁昏庸,糊裏糊塗,由二路丑角飾演。小和尚一角亦並無重要,可由三路丑角飾演。

《翠屏山》之潘老丈。戴氊帽,白四喜,拿棍兒,穿紫老老斗,繫絛子。此種扮像,很多如《烏盆計》張別古,《賣馬》王老好,均相差無幾。

《翠屏山》小和尚。扮相無一定,有敲木魚的、有打梆分的,總而言之是一個小和尚而已。

118.《送盒子》之山東

說戲：《送盒子》這齣戲文獻不載，人多不曉其內容。據說李萬春在京演出時，年畫收藏家王樹村拿著一張印有《送盒子》的年畫請教，始得知此戲是《打麵缸》後續的一折喜劇。此圖的丑角山東乃清季黃三雄飾演，據考：黃三雄是道光年間的名丑。原為世襲雲騎尉。道光初年，入高腔恩慶科班，初學老生，後改丑行。曾與著名旦行演員王長桂等人合演《送盒子》、《入侯府》等戲。他嗓音清脆，「有老人音兒、童子味兒」，京白極佳。唱、念、做、表具有高腔丑角粗擴、淳厚、質樸的特點，與蘇丑楊鳴玉、京丑劉趕三成鼎足之勢。

《送盒子》之山東。身穿藍布衫繫圍裙，手托盒子，拿煙袋，戴八字，當年三雄兒演此戲最拿手。近年來未見有唱過。

119.《女起解》之解子

說戲：《女起解》全部《玉堂春》中的一折。妓女蘇三自幼被賣入娼僚，與公子王金龍有齧臂之盟。王金龍迷戀蘇三，將隨身所帶數萬金銀具在妓院花費。不想一旦床頭金盡，鴇母將其驅出院去。蘇三私贈銀兩，助其進京應試，結果一舉成名，欽放山西巡按。而蘇三自王金龍去後，被鴇兒哄騙嫁與洪洞縣巨富沈燕林為妾。沈妻皮氏不容，想用毒藥害死蘇三，不想誤將燕林毒死。皮氏告到縣衙，誣陷蘇三謀斃親夫。衙門上下，均受到重賄，勒逼蘇三畫供鑄成鐵案，發配太原。幸王金龍至山西查閱案卷，見此案大驚，遂命臬司調解人犯到按院親審。最後在同僚的協助下，二人結成百年之好。解差一角，出入公堂，老於事故，起解路上與蘇三對答議論，通情入理，即有公事公辦之尺寸，又有古道熱腸之情誼，非名丑莫能為也。

《女起解》之解子。戴白四喜，紅纓帽，背公文行李，拿棍兒。穿青布箭衣，有穿紫花老斗的。

120.《惡虎村》之丁三吧、大奶奶

說戲：黃天霸與濮天雕、武天虯三人曾義結金蘭，成為莫逆兄弟。兩方各行其志，而平素交情仍很厚重。一日，施公進京述職，路經惡虎村。濮武二人將施公劫入莊中，縛置馬圈，擬至三更，剖腹挖心。而黃天霸與王棟、王梁，恐施公被害，即趕往探訪。黃天霸借與濮天雕拜壽之名，入莊探訪施公消息。二人不讓天霸入莊。黃天霸遂知施公遇險，且瞥見施公騾轎，得知真情。天霸當即告別，至客店與李堃及二王說知。四人潛入莊內，聽得濮武商酌害施之語。濮天雕、武天虯二人見天霸突然復回，勉強設飲款敘。言談之間一語不合，動起手來。天霸頓起殺心。濮、武二人中鏢而死。丁三吧是惡虎村中的小嘍羅，慣於剖腹挖心，由二路丑角飾演。大奶奶是濮天雕之妻，外號金頭蜈蚣，打起仗來兇惡無比。單有一個大刀下場，舞得風雨不透。非硬武丑不能為也。

《惡虎村》之丁三吧。此是要害施公時的神氣，戴禮拜帽，穿誇衣，拿刀子，血盆。扮此戲者均係二路角。

《惡虎村》之大奶。身穿女袄子，腰繫汗巾，花彩褲、大紅鞋子，此乃開打時頭頂破紹酒罈子之身段。

121.《賣馬》之王老好

說戲：秦瓊為縣都頭解犯人十八名至天堂州，中途渴死一犯。州官籍此不批回文，使得秦瓊滯客店年餘，盤纏耗盡，貧病落魄，屢遭店主王老好索催奚落。一日，店主向秦瓊逼取房飯金，秦瓊不得已，將所乘黃驃馬沽賣。恰遇單雄信甚愛此馬。彼此通罷姓氏，知悉均係仰慕之人，交談歡洽，竟將賣馬之事忘卻。單雄信走時，將此馬借乘而去，秦瓊未得一錢。店主人又來逼索，秦瓊與他一同出去賣鐗。幸遇王伯當、謝映登二人，得其資助，並代催取回文，秦瓊方得束裝還家。劇中王老好一角屬老醜，演來既可恨又可愛，本來是小本經營，房客一住近年而一紋不名，逼索催討也是情有可原之事。

《賣馬》之王老好。《賣馬》一戲最難，
要好非有好小花面不可。當年老譚演時，
惟有王長林配店家。其扮相與潘老丈同，
不拿棍兒，拿扇子。

122.《探莊》之三兒

說戲：宋朝宣和年間，祝家莊惡霸祝朝奉，勾串官府和梁山泊英雄作對。梁山好漢石秀奉了主帥宋江命令，和楊林化裝成一樵一道，潛入祝家莊去刺探進兵的路徑。不料楊林被擒，石秀潛入鍾離老人家中。遇醉鬼祝小三兒前來傳遞暗號，石秀巧妙地盜走小三兒帽上的白翎，探明路徑。宋江為救援兄弟，率兵冒險攻入莊來，因路徑不熟，陷入埋伏。危急之時，石秀把莊內的虛實情況講個一清二楚。在他的指引下，神箭手花榮射滅了敵人的指揮燈，突破盤陀路，收兵回山。劇中的祝小三兒在這一折裏十分重要，不僅情節需要，在表演上的技巧也很高超。尤其在石秀盜翎時，與石秀有一系列高低翻轉的動作，似舞非舞，若離若合，頗有風采。小三兒一角多由武丑飾演。

《探莊》之三兒。是個醉鬼，穿藍布箭
衣。此圖是回家時，說宋江人馬望西，
燈望西指；宋江人馬望東，燈望東指的
身段。

123.《刺巴傑》之胡禮

說戲：故事出自《綠牡丹》。駱宏勳與余千主僕二人從鮑自安處辭別北行，投奔山東英雄花鎮芳，與母、妻相會。行至酸棗嶺巴家寨，被巴九之子巴傑偵知。巴傑因想奪取花碧蓮為妻，心中懷恨駱宏勳已久。便率領夥眾將駱宏勳、余千圍住，用棍猛擊。駱宏勳再三躲讓，但因其來勢兇猛，不得已乃舉手回擊，竟一劍將巴傑刺死。餘夥跑回莊內報信。駱宏勳心知惹下大禍，主僕二人乘機脫逃。途中遇同窗胡璉及胡理兄弟二人遂詳情以告。且知巴九夫婦定必追至。胡氏兄弟議定，送駱宏勳、余千二人走出長葉嶺，並詳細指點路途方向，令其急奔花家老寨而去。後由鮑自安出計，與兩家調停解圍。令駱宏勳一姓三祧，即是《巴駱和》。胡禮為武丑應功，皆由頭牌名丑飾演。

《刺巴傑》之胡禮。此角是武丑正工戲，當年麻德子、張黑均稱拿手，其扮相很奇特，戴紅耳毛子，如圖，穿青花褶子、袴衣褲，戴扇子。

124.《查關》之縮禮燕

說戲：漢太子劉唐建奉了太后的命令，出關追駕。途經尤家關，人困馬乏在關外歇息，拴馬而睡。恰逢番邦女將尤春風，帶著番將縮禮燕夜出查關。見遠處有紅光如火，見一年少年露宿，英俊可愛，尤春風遂生愛心。當即令縮禮燕喚醒盤問，方知他是大漢太子。尤春風留之入關，以身相許，並先索封冊。劉唐建當即封她為昭陽正宮。後劉唐建不願居此，藉故出走。這是一齣小生、小旦、小丑主演三小戲。唱崑腔，說京白，十分清新可愛。縮禮燕是滿人名字的譯音，他是尤春風手下的一員將官，如同僕從，在查問時，前後傳話，插科打諢，亦頗風趣。如果飾演尤春風的是頭牌旦角，那麼，縮禮燕亦須頭牌大丑飾演方宜。

《查關》之縮禮燕。此是二路角色扮演，戴紅纓帽、穿馬褂、布箭衣，佩刀拿燈籠，其名縮禮燕是滿洲音。

125.《趙家樓》之濟公

說戲：故事描寫綠林大盜飛天鼠華雲龍佔據鳳凰嶺，專以搶劫為事。他的武藝出眾，善施毒鏢，百發百中，行旅商賈屢受其害。而他生性好色，搶劫財物之外，姦淫婦女，惡貫滿盈。小白臉華雲飛與貪花浪子韓秀相助為惡。一日，二人至嶺下巡哨，遇見濟顛僧之徒王通保鏢過嶺，意欲攔截其車輛，為王通所敗。華雲龍親自上前晤面，邀入山寨，與訂金蘭之譜。王通規勸雲龍，相約以後只准戴花，不准採花，不想華雲龍口是心非，王通去後，瞥見趙員外之女頗有姿色，遂背約前往採花。幸好濟顛僧預料華雲龍是日必至，命雷明、陳亮兩徒作為王通的幫手，一起把華雲龍擒獲。濟公向來由大丑飾演，戲耍華雲龍時，有著複雜的身段和技巧，不是一般丑角都能問鼎的。

《趙家樓》之濟公。戴僧帽，穿僧衣，
手拿酒壺，此乃戲耍華雲龍之身段。

126.《取帥印》之程咬金

說戲：唐太宗命秦瓊掛帥平定北方夷狄之亂後，又派其征剿高麗。秦瓊生病，太宗便想以尉遲恭來代他前去。程咬金力言尉遲恭性情粗暴不能勝任，太宗不聽。程咬金乃夜往秦府，囑咐秦瓊薦舉其子秦懷玉來代替自己。翌日，太宗率徐勣、尉遲恭等，到秦瓊府上探病，兼取帥印。秦瓊便當面舉薦秦懷玉掛帥出征。唐太宗嫌懷玉資格太淺，難孚眾望，以為非尉遲將軍掛帥不足懾服。秦瓊不得已，交出帥印與遲恭。尉遲恭志在兵符，忍氣吞聲，唯唯而退。程咬金在劇中扮演著一個撩撥是非的角色，只能暗中作小動作，不能登其檯面。凡有他出現的戲中，程咬金都是丑扮，因身份地位的關係，也屬袍帶丑範圍。

《取帥印》之程咬金。戴侯帽，穿綠蟒、
玉帶、朝方、蒼吊搭。此角為袍帶丑，
當年羅壽山、克秀山均稱拿手。

127.《逍遙津》之華歆

說戲：《逍遙津》寫的是：漢獻帝劉協因曹操權勢日重，與伏后計議，派內侍穆順給皇后之父伏完送去血詔。囑其約孫權、劉備為外應共鋤曹操。曹操從穆順的髮髻中搜出密書，帶劍入宮，命華歆把伏后亂棒打死，還鴆殺了伏后的兩個兒子。殺了伏完及穆順的全家。獻帝悲痛欲絕，卻又無可如何。此劇名為《逍遙津》，而劇情卻又與此三字無關。筆者曾與京劇名家吳玉璋先生議及此事，據吳講，老劇本的前面有一段張遼大戰孫權於逍遙津的情節，而且在推擁曹操篡位稱帝時，張遼最為積極，故得此名。劇中華歆一角陰毒奸狠，以至在奸雄曹操都手軟之際，他仍然投石下井、斬盡殺絕，實禽獸不如。

《逍遙津》之華歆。戴獅子盔穿紅龍箭，
黑馬褂、大帶、朝方、挎劍。此是逼宮
之神氣。扮相兇惡，令人可恨。

128.《趕三關》之穆老將

說戲：薛平貴在西涼一十八年，被西涼王招為駙馬，後又當了西涼國主。顯榮已極，但思家戀舊之心從未得忘。一日，他駕坐銀安思念王寶釧，忽然一隻鴻雁銜書而至，一見是王寶釧血書，急欲回國探望。又恐怕代戰公主不允，因此設計用酒灌醉代戰，自己盜令而出。一路闖過兩關，尚安然無事。方抵國境，代戰公主也已率兵追至。城上守關穆老將軍疑神疑鬼不敢開關。薛平貴反覆提起舊事為證，才被開城接納。待其入關，代戰已兵臨城下，索要薛平貴。薛平貴不得已上得城樓告以心事。見薛平貴再三哀求，乃與金翎鴿子一頭，便於傳信，並相約數事而別。劇中穆老將多由二路丑角飾演。動作詼諧，引得觀眾哄堂大笑。

《趕三關》之穆老將。戴帥盔後單，無額子，中插一根翎子，紮靠口戴白四喜，城樓一段數板，必須清脆方有精彩。

129.《九龍杯》之楊香武

說戲：故事出自小說《施公案》，寫清廷丟失了稀世國寶九龍杯，不知何人所盜。遍查不獲，朝廷大怒，把黃三太全家入獄。嚴令限時尋出盜杯之人，追回九龍杯。三太無計可施，計全獻策，以慶賀黃馬褂為名，邀集各路綠林英雄到府中聚會，希冀從中尋找線索。慶功宴上，計全當眾誇耀黃三太打虎絕技，終於激出楊香武說出盜杯之事。原來，九龍杯藏在江湖英雄周應龍府上。黃三太跪求香武，營救全家性命。楊香武出於江湖意氣，又赴周府索杯。周應龍不給，便設下調虎離山之計，盜出九龍玉杯，交付三太，且與周應龍言和。楊香武一身武功，善於飛簷走壁。在夜行中的走邊，盜杯時的三張桌上頂、梁上倒鉤、椅子探海等動作，輕巧敏捷，高難驚險，非一般武工演員輕易演得。前輩武丑麻德子、王長林，後輩則葉盛章、艾世菊、張春華均擅此劇。

《九龍杯》之楊香武。戴鬃帽、穿黑袴衣，黑彩褲，口戴黑八字，當年王長林、麻德子最拿手。

130.《烏龍院》之張文遠

說戲：梁山首領晁蓋思念宋江有救命之恩，常思答報，命劉唐下山投書宋江，相邀上山聚首。彼時，宋江與妾閻惜姣同住烏龍院中。閻惜姣因與宋江同衙的文書張文遠私通，故意怠慢宋江，尋釁口角，宋一怒離去，多日不歸。有一日，宋江拗不過閻婆的拉扯，再到烏龍院中留宿。不想，丟下了裝有梁山書信的招文袋。閻惜姣執此把柄，蓄意要害宋江，執意不還書信。宋江一怒之下殺死了閻惜姣。此戲的前半部為《宋江鬧院》，後半部名叫《坐樓殺惜》。是生、旦合作的傳統戲。劇中張文遠一角，本是一個油頭粉面的小白臉，戲中丑扮，是戲劇對這類人物的蓄意砭斥。

《烏龍院》之張文遠。此劇為方巾丑戴三郎巾，穿綠素褶子手拿摺扇，此圖是叫門時身段。

131.《取成都》之王壘

　　說戲： 漢代末年，劉璋被劉備所困，無奈之中，向漢中張魯求援。張魯派遣馬超率兵援救。不料馬超行至葭萌關，竟然歸降了劉備，反而轉過身來攻打劉璋。劉璋不得已，只好開城投降了劉備。二人相見時，劉璋指問劉備：「當日我以成都讓賢弟，賢弟拒之再三；今日興兵至此，意欲何為？」劉備語塞，諸葛亮代為回答說：「吾主乃不得已而為之，是因為利之所在。雖誼屬同宗，情同骨肉，也免不了兵戎相見。」劉備逼劉璋交出印信，而自領益州牧。劇中王壘一角，雖然官小職微，但忠君護主，正氣凜然。在城頭咒罵馬超，神元氣足，大有文丑武唱之妙。

　　《取成都》之王壘。戴元紗，身穿紅官衣、朝方，口帶白四喜。此乃城樓罵馬超叛變之身段。

132.《醉酒》之高力士

說戲：《貴妃醉酒》是一出典型的古典歌舞劇。故事發生在唐玄宗時，唐玄宗與貴妃楊玉環相約在百花亭設宴，飲酒賞花。但是到了這一天，貴妃在百花亭候駕多時，未見駕臨。太監來稟，皇帝已駕轉西宮。貴妃聽知此訊，心中極為不悅，萬端愁緒，盡入懷抱。於是，一人獨酌，對影徘徊，未幾輒醉。滿腹憂傷，全都渲洩於左右力士身上。力士盡心勸慰，夜闌之時，才悶鬱還宮。梅蘭芳先生獨擅此劇，演來雍容華貴，嬌豔非常。把一個得寵自恃的妃子，忽然間變為失寵時的情緒轉變，層次分明、循序漸進地通過唱、做表現出來。同樣，高、裴二力士，也以清晰的口白、做派，配合得尺寸相當、滴水不漏。故而，蕭長華扮演的高力士和姜妙香先生飾演的裴力士，一直被視為範本。

《醉酒》之高力士。戴太監帽，穿蟒，
繫絛子，朝方，手執拂塵。此是吩咐起
駕時之身段。

133.《穆柯寨》之穆天王、老端

說戲：蕭天佐擺設七十二座天門陣，無人能破。宋營中幸有一位鍾道士，他幫助楊六郎調度破陣。並向太行山、五臺山，聘請金頭馬氏及楊五郎等，到宋營助戰。楊五郎素知穆家寨後有降龍木二支，必須取得一支作為斧柄，方能取勝。所以提出必有此木，方肯下山。孟良前去盜木，遇穆桂英在山下打獵，穆桂英射中一雁，為孟良所拾。孟良不肯交還，遂起爭鬥。孟良敗回，又帶同楊宗保再往。交戰數十合，楊宗保為穆桂英賞識，被計擒馬下。穆柯寨中，穆桂英與楊宗保私下訂婚，放楊宗保回營。楊六郎惱怒宗保陣前招親、違犯軍紀，欲斬宗保以正軍法。孟良乃二次探山，放火盜木而去。穆天是穆柯寨寨主，降龍木為其所有。他多次出戰，但武藝不精，反被宗保槍挑馬下。穆天王由丑角飾演，更襯托出穆桂英的巾幗風姿。

《穆柯寨》之穆天王。戴達帽、穿紅龍箭、黃馬褂、大帶、朝方，口戴白四喜，手執槍，此乃會焦孟二將時之身段。

《穆柯寨》之老端。頭梳小辮，身穿女袄，大坎肩、農彩褲、大紅鞋，腰繫汗巾，手拿瓜錘。此是與焦孟二人討箭雁時的身段。

134.《殺子報》之納雲

說戲:《殺子報》一劇為清季不題撰人編寫的《通州奇案》中的故事。市井細民沈懷寧因病去世,丟下妻子金蓮和一個兒子金寶守自度日。金蓮不軌,與小和尚納雲暗中偷情,時常奸宿。一日,被兒子金寶發現隱情。金寶不管不顧,追打和尚,並監管其母。金蓮淫慾中燒,全不念骨肉之情,趁金寶熟睡之時,親手將金寶殺死,埋在床下。並且誣告金寶的老師管教失當,害得金寶失蹤。金寶陰魂不散,託夢與師娘,說明原委。師娘找到金蓮,一同上堂告狀。最終,此案被鈹察明白,善有善報,惡有惡報。納云是個偷情的花和尚,平時道貌岸然,私下裏男盜女娼,甚是可惡,為丑角飾演。五十年代為政府明令禁演。

《殺子報》之納雲。戴五佛冠、僧衣、
袈裟、僧鞋,於拿蓮花香爐,此乃眉目
傳情時之身段。

135.《雙獅圖》之書童

說戲：唐武則天時，薛剛酒醉，大鬧太廟，打死皇親，罪及滿門抄斬。薛剛隻身逃出，佔據寒山為王，積糧招兵，誓要報復。薛剛之兄薛猛亦被武三思陷害全家誅戮。有兒薛蛟，尚在襁褓，亦將受戮。薛猛至友徐策，前往法場祭弔。暗中用自己的兒子換出薛蛟，以留薛門後裔。行刑之時，徐策之子被狂風吹去。待到薛蛟年長，臂力過人。徐策亦當了當朝宰相。一日，徐策下朝歸府，見薛蛟與書童在門外舉石獅玩耍。乃喚薛蛟進入祖先堂，觀看薛家受難被殺圖。薛蛟不明其故，徐策為他詳細講述了當日冤情，說明薛蛟並非親生之子，實薛門後裔。薛蛟聞言大哭，誓要報仇。徐策乃修書一封，交與薛蛟，囑其到寒山幫助叔叔薛剛報仇。

《雙獅圖》之書童。戴軟羅帽，素青褶子、黃大帶、鞋子。此乃見相爺扯謊之身段。

136.《瘋僧掃秦》之瘋僧

說戲：宋奸相秦檜害死岳飛之後，心中有鬼，夜不成寐。在萬花樓上被忠魂纏繞，難以解脫。因此，親自到靈隱寺燒香禱告，虔修齋醮，以為懺悔。秦檜與妻王氏親自拈香之時，見寺壁上有詩一首，第一句便是當年夫妻在東窗下定計的言語，忽然洩露與此，甚為詫異。追問住持，主持說是寺中瘋僧所寫。於是，命人把瘋僧喚至面前一看，則是一蓬頭垢面、渾身污穢的和尚。他左手執一掃帚，右手執一吹火筒。問答之間，語語針砭，直刺奸相夫婦心肺，二人聽之毛骨悚然。秦檜命從人把瘋僧推下庭階，想當場把他亂棒打死。王氏從旁勸忍，後發治之。回府後，秦檜再命家人鎖拿，而瘋僧只留束貼一封，人已不知去向。人云瘋僧乃地藏菩薩之化身。此劇以瘋僧為主演，其詼諧剛正，語帶鋒譏，做、舞、口白十分吃重，須由頭牌大丑飾演。

《瘋僧掃秦》之瘋僧。頭戴破僧帽，短髮、身穿破僧衣，腰繫草繩，一手執條帚，一手執吹火筒。目下海上苗勝春頗稱拿手。

137.《畫春園》之歐陽德

說戲：《畫春園》故事出自《彭公案》。張耀宗為了擒拿女賊九花娘，設下重重羅網，但均被九花娘搗破。九花娘隻身逃出重圍，投奔了宣化知府傅國恩。二人謀建畫春園，園中滿布機關陷阱。徐勝、劉芳等人前往園中察探，結果陷入機關被擒。張耀宗求神手大將紀有德及怪俠歐陽德等前來相助，眾人大鬧畫春園，削破機關。擒獲了傅國恩，而九花娘又再次逃走。這是一齣武打的熱鬧戲，歐陽德身為怪俠扮像奇特，舉止怪異，說怯口、開打用大煙袋，把子設計得詭譎多變，即好玩又好笑，本事極大，當由頭牌武丑飾演。

《畫春園》之歐陽德。頭戴小帽，反穿皮袄，口戴哈哈笑，手拿大煙袋。此角必須文武兼全方能演唱。

138.《變羊記》之看香婆

說戲：《變羊記》自明代傳奇《獅吼記》變化而出。故事寫宋代才子陳季常因為妻子柳氏沒有生育，很想娶妾。但柳氏生性奇妒，防範很嚴。一日，陳季常應蘇東坡之邀前去遊春。柳氏擔心他狎妓，堅持不允。陳季常對天發誓說：「如果有妓，願意罰打」，柳氏方才答應。後來，柳氏偵知有個叫琴操的妓女和丈夫在一起遊春，十分氣惱。等陳季常回來，便以青藜杖責打，還將季常綁在床上，不得動彈。恰巧東坡來訪，看到陳季常受辱，便偷偷用一隻羊換下陳季常，謊說季常因為受氣已經變成一隻羊了。柳氏一見大哭不止，說今後再也不打丈夫，陳季常才回到家中。及此，陳季常的懼內流傳千古。劇中的看香婆是故事敷演出來的一個滑稽角色，起著調味的作用。

《變羊記》之看香婆。梳彩旦頭，穿女布袄子，素彩褲子，手拿太平鼓，此是看香頭、裝腔時之身段。

139.《混元盒》之哈吧

說戲：故事出自《五毒傳》，描述明世宗好長生術，皮匠陶謙得點石成金術，受到皇帝召見。陶謙進言請用童女煉丹，天帝聞之大怒，命凶神降罰。大孤山的金花聖母與張天師有世仇，擬乘機滅法興妖。乃會聚群妖盜取張天師祖傳八卦五雷神印。於是群妖作怪，為害人間。這些罪案被張天師一一識破，將諸魔收入混元盒內。世宗方知天師法力，從此闡道除邪。這是一齣大型的神話戲，要演出多日才能演完。圖中所繪是丑扮的原形哈吧精，一旦變化，便改由生行出場。在與天師鬥法時，就又現了原形開打，再由武丑扮演。

混元盒之哈吧。是蛤蟆精，頭戴禮拜帽，
上有一個蛤蟆形以表示之，身穿藍布褂，
拿扇子，繫搭包。

140.《忠孝全》之安泰

說戲：英宗時，秦洪之子秦季龍自幼失散在外，喜習拳棒，精通武藝，且膂力過人。他能拉開五石硬弓，射箭百發百中。後來海寇金鼇作亂，英宗命太監王振總督天下兵馬糧餉，征剿金鼇。行至山東招兵，秦季龍投軍入伍。王振頗愛其才，特別重用，令其帶領前鋒軍進剿金鼇，把金鼇打敗收降，從此海氛悉平。秦季龍功成班師，榮寵無比。時王振催集天下糧餉，福建督糧官中途遇雨延誤。王振大怒，即以軍法從事，令秦季龍監斬。不想督糧官乃是季龍生父秦洪，父子二人法場相會，抱頭痛哭。秦季龍自縛請罪，並引父來見王振。王振遂赦之，並奏明英宗，封秦季龍為忠孝王。安泰一角在法場戲中出場，肩扛鳥槍，狐假虎威，摹仿新軍操練，在二十年代初，特別有諷刺趣味。此角由二路丑角飾演。

《忠孝全》之安泰。戴紅纓帽，穿藍布箭衣，紅號坎，繫大帶，肩扛鳥槍，此劇當年張文斌演此最佳。

141.《拾黃金》之花子

說戲：《拾黃金》又名《財迷傳》或是《化子拾金》。此劇脫胎於崑劇《羅夢》，然其立意則較《羅夢》高出十倍。講一個叫花子名叫范陶，天寒地凍之際，上街乞食。無意中在雪裏拾得黃金一錠，喜極入魔，驟然間犯了財迷之症。忽而哭，忽而笑，忽而指金怒罵，忽而握金狂喜；喜怒哀樂，藉此劇發揮得淋漓盡致。此戲雖是一齣丑角擔綱的獨角戲，也沒有什麼情節。演時可長可短，或作為開鑼戲，或墊在大戲之間，便於後臺演員換場更衣。戲雖不大，但是寓言諷世，寄慨甚深，其意誠不可沒。道白之中的冷嘲熱諷，足使銅臭驕人，聞之耳慚，見之心愧。早年間，李百歲最愛唱這齣戲，而且演得最工。

《拾黃金》之花子。此戲小花臉打泡劇，
能大、小喉嚨兼長方能演。當年李百歲
頗拿手。戴小氈帽、穿富貴衣、手拿竹
杖、肩褂布袋。

142.《風波亭》之哈謎哧

說戲：宋代徽、欽二帝為金邦所擄，中原錦繡江山十失其七。高宗南渡，建都於臨安。岳飛赤膽忠以恢復山河為己任。統師以來屢戰屢勝。金帥兀朮聞名喪膽。一見岳字旗幟，便望風而逃。岳飛會聚了韓世忠、張浚、劉錡三帥，追殺金兵直至朱仙鎮。大敗金兵於金牛嶺，逼得兀朮幾乎自刎。兀朮遣軍師哈謎哧假扮賣藥之人，暗入臨安。在西河遇見奸相秦檜，私遞蠟丸密書，相約傾陷岳飛。奸檜假稱朝命議和，一日之連發十二道金牌召回岳飛。岳飛明知奸檜弄權必遭不測，然既以身許國，生死全然置之度外，慨然而行。及至平江路，錦衣衛指揮馮忠、馮孝，帶領校尉二十名將武穆鎖拿，遞解臨安獄中。奸檜假傳諭旨，命大理寺卿周三畏勘問。三畏不肯阿附，掛冠而遁。奸檜改命万俟禼、羅汝楫嚴刑鞫訊，以「莫須有」三字定讞。劇中哈謎哧乃是兀朮軍師，為虎作倀，侵我中華。以丑角扮之，畫一紅鼻頭，以刺砭其奸。

《風波亭》之哈謎哧。戴諸葛巾、
穿八卦衣、口戴丑三，手拿羽扇，
此乃定計之身段，扮像與孔明同，
以表示是軍師。

143.《拾玉鐲》之劉媒婆

說戲：明代陝西鄜鄜縣城外孫家莊的孫寡婦，因家計困窮，以養雞為業，生女名叫玉姣，豆蔻年華，風姿曼妙。孫玉姣日事女紅補貼家用。一日，世襲指揮使傅朋到郊外踏青，見玉嬌立於門首，若有所思。傅朋上前搭訕。玉姣見傅朋是個翩翩佳公子，心生愛慕。傅朋贈以玉鐲，玉姣故作羞怯，卻而不受。傅朋委鐲於地，孫玉姣俟其去遠，始拾起藏於袖中。二人私情，早為鄰居劉媒婆窺破。她來至孫家，詰問玉鐲由來，孫玉姣言語支吾。劉媒婆直道其隱，孫玉姣無可掩飾，懇求不要外傳。劉媒婆甘言誘之，謂可成全其好姻緣，索取表記，回贈傅公子。孫玉姣乃與以繡鞋一隻相贈。戲中劉媒婆係彩旦應功，做表甚重，尤其在摹仿拾玉鐲時的一段戲，最是吃功。非好角不能為也。

《拾玉鐲》之劉媒婆。此角梳蘇州頭，穿大袄子，手拿煙袋，楊四立頗稱拿手戲。

144.《蓮花湖》之大鼻子

說戲：《蓮花湖》故事出自《施公案》。描述飛天鼠秦尤因為要替父秦天豹報仇，行刺鏢客勝英。但是，誤傷了勝英的盟弟李剛。勝英大怒，派遣弟子黃三太、李志龍、武萬年等訪拿秦尤。不想在酒館中不期相遇，雙方格鬥起來。黃三太被秦尤所傷，勝英更加惱怒。秦尤逃往蓮花湖寨主韓秀處求助，韓秀致簡邀勝英來蓮花湖比武較量。勝英如期而至，先令門下與韓秀比武，皆為韓秀所敗。勝英親自上陣與韓秀格鬥，挫敗韓秀，韓秀遂伏罪認輸，拜勝英為師。戲中大鼻子是勝英手下的一位充數的弟子，沒有什麼本事，但事事不甘示弱，都要打頭陣。京劇中這類人物都是起鋪墊作用，為主帥的正式開打，營造緊張的氣氛。此類角色往往由二路丑角飾演。

《蓮花湖》之大鼻子。戴紅皁隸帽，
額子插一根翎子，口戴丑三，穿綠素
箭衣、大帶、朝方、外披紅開敞，此
乃比武時之身段。

145.《瞎子逛燈》之瞎子

說戲：這是一齣作為墊戲之用的小戲，無頭無尾，早已不很流行。故事是講某年元宵節，大放花燈，普天同樂。某寺的一個和尚去請他的一位瞎子朋友，一起前來觀燈。和尚一路捉弄瞎子，二人插科打諢說笑話，給觀眾開心逗樂。也給劇場營造歡樂的氣氛。此劇可長可短，但憑後臺管事指揮，往往中腰打住，二人下場，正戲開鑼。據學者考證，此劇並非全無出處，《瞎子逛燈》是連臺本戲《目蓮救母》中的一折。河北梆子、同州梆子也有此劇。劇中的和尚和瞎子多由二、三路小丑飾演。純為主角墊戲。

《瞎子逛燈》之瞎子。戴紅纓帽，穿外套子，口戴八字吊搭，手執明仗。此圖係和尚叫門時之身段。

146.《十八扯》之孔懷

說戲:《十八扯》一戲出自崑曲,故事情節從何擷取,實無所本。唯知劇中有一孔懷,因其兄孔亨晉京求取功名,久無音信。其母對孔懷之嫂施以種種虐待,令她在磨房終日磨麵,不許片刻休息,每日僅給糠麩粥糜,當作兩餐。而且,她還常到磨房督勤,稍不如意,非打即罵。孔懷看著心中不忍,擬偷閒進入磨房代嫂分勞,使嫂子得以休息。一日,孔懷正在替嫂推磨,正逢其妹也來到磨房。於是,二人一起推磨。推著推著,二人深感無聊,遂作村童、村姑之態,相與串扮戲劇解悶。時而變兄妹為夫婦,時而變兄妹與父子,做出種種姿態,以為消遣行樂。

《十八扯》之孔懷。戴草王盔、穿茶衣、打腰包,戴丑三,此乃扮演《龍虎鬥》王子之身段。

147.《大劈棺》之二百五

說戲:春秋哲人莊子、早已參悟大道,能做到分身化形。一日,在郊外遇一搧墳寡婦,自言須待墳土乾時,便轉嫁他人。歸後即與妻田氏談及此事,並語帶譏諷。田氏憤極,與之吵鬧,隨將莊子所帶之扇撕壞擲地,以鳴不平。斯時,莊子早已看破世情,知夫婦之愛一切皆空,不數日便患病而死。彌留之際,覺得田氏無限悲傷,伉儷之情似甚篤。於是,化身為一楚國王孫前往弔唁,以試田氏。田氏見王孫衣服華麗,面目姣好,甚為愛慕。遂命其僕為之說合,欲納王孫為贅夫。及至合卺之夕,王孫忽得暴疾,心痛欲絕。言及需要人腦方可療治,田氏得新忘舊,便勒臂揎袖,持刀進入枢所。將莊子棺木奮力劈破,欲取莊子頭臚。不想莊子復生。田氏惶恐慚愧置身無地。未幾,莊子又攝化王孫主僕二形立於枢前。田氏無以自解,遂自縊而死。二百五一角由丑角扮演,在靈枢前假裝「紙活」,要在椅子上僵直地站立三刻鐘之久,令人發噱。

《大劈棺》之二百五。頭戴紅纓帽,身穿袍子馬褂,兩手捧煙袋。此乃在靈前裝紙紮人之身段。當年海上馬飛珠最拿手。

148.《打侄上墳》之張公道

說戲：明代有一家富戶，兄弟二人同院而居，兄陳伯忠，弟陳伯愚，感情甚篤。伯忠早亡，侄子陳大官要求分家另過。無奈，陳伯愚分出一半家財給他。大官揮霍無度，不久家財蕩盡，淪為乞丐。其年正值大荒，伯愚放賑救災時，見大官竟然排在領賑行列之中，當即怒火中燒，痛打了侄兒一頓。伯愚老妻和僕人怕傷了大官，私贈銀兩，放他逃走。大官悔愧交加，去到墳園哭祭父母。伯愚念大官尚能貧不忘親，將他從墳園帶回，重加教訓。大官從此改過自新，刻苦攻讀，後來中了狀元。戲中張公道一角年三十歲，有六個兒子，在放賑一場上，向陳伯愚求貸。伯愚膝下無子，對這許多的小孩十分羨慕。拿出許多糧食周濟與他。張公道由二路丑角飾演。

《打侄上墳》之張公道。戴藍鴨尾巾，
青緞素褶，繫大帶，口戴黑八字吊搭。
此圖是借糧時的神氣。

149.《轅門斬子》之木瓜

說戲：北國蕭銀宗南下入侵，擺下天門大陣，宋室無人能識。為了破陣，八賢王、佘太君隨大軍駐守邊關，嚴陣以待。元帥楊六郎派其子楊宗保出營巡哨，與穆柯寨主女將穆桂英交戰。不敵，被綁赴穆柯寨。宗保、桂英一見鍾情，遂結為夫妻。宗保返營後，六郎大怒，要將宗保在轅門斬首示眾。佘太君、八賢王兩次求情，皆不予准。穆桂英得知消息後，救夫心切，向六郎獻上破陣急需的「降龍木」。楊六郎得知穆桂英智勇雙全、才貌出眾，加之佘太君、八賢王作保，才救免了宗保死罪，允其戴罪立功。宗保、桂英二人披掛上陣，夫妻一起破了天門陣。木瓜是穆桂英的貼身丫環，有武藝，負責掌管降龍木。戲中她與穆桂英一起下山，闖帳。在為楊宗保求情的時候，木瓜與孟良、焦贊從中調侃，為戲增色無窮。此角由二路丑角飾演。

《轅門斬子》之木瓜。戴大葉巾，衣綠
素箭，紅馬褂、大帶、朝方，口戴黑八
字吊搭，肩槓降龍木。

150.《御碑亭》之得祿

　　說戲：明時浙江舉子王有道在大比之年，晉京赴試。家中有一妻一妹，妹名淑英，尚未許字。妻孟月華頗貞靜賢淑。清明，孟氏母家遣僕來迎月華偕同掃墓。月華恐弱妹一人守戶十分躊躇。一想孟莊距家甚近，當日可歸，於是就單身去了。還家之時天已將暮。中途遇雨，遂到御碑亭中避雨。同時還有一位士子柳生春亦入亭避雨。柳生春舉止厚重知禮，二人相安無事。雨過天晴，柳生春出亭先行，孟月華亦返回家門，且把遇雨之事講與小姑。不久王有道歸，小姑把此事告訴乃兄。有道大怒，以為大辱。把孟氏休歸。孟氏百喙難辨，惟有含冤忍辱而已。後來榜發，王有道和柳生春均皇榜高中。柳生春將御碑亭避雨之事告知，王有道方知孟氏被屈，自悔前舉孟浪。親往謝罪，重迎孟氏還家，夫妻和好如初。並將妹子許嫁柳生春為妻。劇中得祿是一家僕，活兒不多，可由二、三路丑角飾演。

《御碑亭》之得祿。戴孩兒髮，穿茶衣、
黑彩褲、鞋子。此是見青衣時之身段。

151.《洪洋洞》之陳宣

說戲：故事寫宋代忠臣楊延昭命孟良前往洪洋洞，盜取乃父楊繼業的骸骨。焦贊暗地跟隨，因洞內黑暗，孟良誤以焦贊為敵人，情急之中，用斧誤將焦贊劈死。待其發現，哀悔不已。遂將老令公的遺骨交付老軍陳宣送回，自己自刎於洞外。楊延昭聞耗，驚痛嘔血，病勢益重。與八賢王及母親、妻子、家人訣別而死。此戲又名《孟良盜骨》，是譚鑫培的代表作。後輩老生的演唱無不宗此為準，百十年來並無大改變，足見前輩創腔的高明之處。劇中陳宣乃是一個老軍，負骸而回的時候，騎一馬，牽一馬，要跑幾個圓場，以示路遠和緊急。跑好了也很得采。此角一般為二路丑角飾演。

《洪洋洞》之陳宣。戴氈帽，穿藍布箭衣，紅坎肩，戴八字吊搭，頭頂屍匣，腰插板斧，左右手各一馬鞭，此乃臨下場身段。

152.《三拉》之牢頭

說戲：《三拉》是《奇雙會》中的一折。故事敘述襄城縣馬販李奇，喪妻之後續娶了楊氏。一日，楊氏乘李奇出外販馬之時，將前房兒女李保童和李桂枝逐出家門。李奇歸家，不見兒女，拷問婢女春華，春華懸樑自盡。楊氏與姘夫田旺合謀，誣陷李奇逼姦殺婢，並且買通胡縣令，將李奇問成死罪，收監待決。李奇之女桂枝離家後被人收養，嫁與襄城縣令趙寵為妻。趙寵下鄉勸農，桂枝夜聞牢囚啼哭，私自提問，得知乃是父親李奇蒙冤受罪。待趙寵回衙，桂枝哭訴了父親的冤情。趙寵無權更改原判，就為桂枝代寫辯狀，趁按院大人巡察至襄城縣時，桂枝出面代父鳴冤。而按院大人正是李奇之子李保童。昭雪冤案，一家團圓。劇中牢頭是一個勢利小人，因為受了賄賂，便肆意虐待犯人。是角由二路丑角扮演。

《三拉》之牢頭。戴氈帽，藍布箭、
大帶、手拿斧頭，此乃釘鐐身段。

參考文獻

1. 李德生著，《丑角》，中國百花文藝出版社出版，2008 年。

2. 李德生著，《中國戲劇史的形象資料》，《文化中國》2012 年第 72 期。

3. 李德生著，川床邦夫譯，《京劇名伶與煙》，平成 20 年 2 月 25 日，第 103 期。

4. 李德生著，〔日〕川床邦夫譯，《煙畫的研究》，日本經濟研究所出版，2005 年。

5. 李德生、王琪著，《清宮戲畫》，中國百花文藝出版社出版，2011 年。

6. 李德生著，《禁戲（增訂本）（上下）》，臺灣花木蘭文化事業有限公司出版，2021 年。

7. 傅學斌著，《京劇臉譜》，中國百花文藝出版社出版，2009 年。

8. 北京市政協編委會編，《京劇談往錄》，《京劇談往錄續編》，北京出版社，1985 年。

9. 北京市政協編委會編，《京劇談往錄三編》，《京劇談往錄四編》，北京出版社，1990 年。

10. 上海《申報史料》編委會編，《申報京劇史料彙編》，內部資料。

11. 余治輯，《得一錄》，清寶善堂重刻本，1897 年。

12. 傅惜華主編，《國劇畫報》，學苑出版社影印版，2011 年。

13. 張次溪編，《清代燕都梨園史料續編》，中國戲劇出版社，1988 年。

14. 陳志明、王維賢編，《立言畫刊京劇資料選編》，2005 年。

15. 齊如山著，《齊如山全集》，臺灣聯經出版事業，1935 年。

16. 丁秉鐩著,《菊壇舊聞錄》,中國戲劇出版社,1995 年。

17. 丁汝琴著,《清代內廷演戲史話》,紫禁城出版社,1999 年。

18. 北京燕山出版社編,《京劇史照》,北京燕山出版社,1992 年。